問題解決の　　　　　　　一歩

データ分析

の教室

Nonaka Miki
野中美希 [監修]**市原義文**

知識ゼロからのエクセル「ピボットテーブル」

青春出版社

はじめに

　あなたは、「データ分析」にどのような印象をお持ちでしょうか？

「必要だとは思うけど、難しそう」
「なんのためにやるのか、よくわからない」
「そんなの、AIにまかせておけばイイ感じにやってくれるんじゃないの？」
「過去に買ったエクセル本で挫折した…」

　ひとつでも当てはまった方は、ぜひこのまま読み進めてください。本書では、そんなデータ分析やエクセル初心者の方に向けて、簡単にデータ分析ができる方法をお伝えします。

　申し遅れました。私は株式会社日立社会情報サービスに所属するシステムエンジニア、野中美希です。これまで数々の厳しいプロジェクトに参画し、チームリーダーとして進捗や品質の管理をするなかで、エクセルを駆使してデータ分析をしてきました。自分で使うだけでなく、後輩へわかりやすく指導することにも注力してきました。

　今ではエクセルを思い通りに使いこなしている私も、かつてはその便利さや簡単さ、メリットについて知らないまま、恥ずかしながら力技で難局を乗り越えていたこともありました。

　「こんなことではいけない！」と独学で勉強し、現場で使っては改善を繰り返し、知識やノウハウを身につけてきたのです。効率良く作業できるようになると、エクセルの操作は急に楽しくなってきます。また、データ分析を駆使して仕事がいい方向に進むことに、大きな達成感や充実感を得られるようになりました。

とはいえ、データ分析やエクセルに関する用語にはとっつきにくいものが多いことは事実です。そこで本書では、街のパン屋の再生ストーリーを読み進めるうちに、自然にデータ分析やエクセルの"勘どころ"がわかるよう工夫しました。初心者向けといっても、VLOOKUP関数などにもふれているので、エクセルをさらに使いこなしたい方にも役立ちます。

　はじめは聞き慣れない用語が多いかもしれませんが、まずはストーリーを読み切る、くらいの軽い気持ちで取り組んでみてください。読み終わるころには用語にも慣れて、「自分の仕事にどう役立てられるか」というイメージがわいてくるはずです。そのあとで必要なところをじっくり読み返したり、本書の内容に沿ったエクセルデータを実際に操作したりすれば、さらに理解が深まることでしょう。

　データ分析においては、そのデータ（事実）が何を意味するのか、価値のある情報なのかどうかを判断できるのは、現場の当事者であるあなただけです。現場で汗をかいてがんばっている人にしか気づけないことが、必ずあるからです。

　多くの企業で研修が実施されたり、大学での必修化が進んでいたり、「データ分析」はもはやビジネスパーソンの必須スキルだといっても過言ではありません。本書があなたの身近なデータを分析し、ビジネスを進めるための一助となれば、とてもうれしく思います。

　さぁ、店主の熊野と一緒に、最初の一歩を踏み出しましょう！

野中美希

序章 データ分析で 何ができるの？

悩めるパン屋の店主と常連客

1章 データ分析は "目的"が第一

パンは美味しい。なのに儲からないワケ

2章 ピボットテーブルは データ分析の必修ツール

数字が教えてくれた不都合な現実

3章 データを多角的、立体的に見る方法

ランチのお客さまを取り戻せ！

4章 データ分析が教えてくれる"次の一手"

売れば売るほど損するパン!?

5章 無味乾燥な数字から "意味"を引き出すには
晴れた日はパンをたくさん焼こう

6章 データに隠された 業務改善のヒント
生産性が上がるとみんな幸せ

終章 「数値目標」と「実績」のサイクルを回す
夢のしっぽが見えてきた

本書のサンプルデータがダウンロードできます

本書の内容に沿ったサンプルデータを用意しました。以下のURLから
ダウンロードして、手を動かしながら読んでみてください。

https://www.seishun.co.jp/analysis

（青春出版社公式サイト内）

- 本書はWindows 11、Excel for Microsoft 365（2022年10月時点）を使用した環境
  で作業を行い、画面を再現しています。
- Excel は、米国Microsoft Corporation の米国およびその他の国における登録商標
  または商標です。

編集協力　　　　　　郷和貴
カバー・本文イラスト　冨田マリー
企画協力　　　　　　　松尾昭仁（ネクストサービス株式会社）
本文 DTP　　　　　　　佐藤純（アスラン編集スタジオ）

序章

データ分析で
何ができるの？

悩めるパン屋の店主と常連客

ここは東京23区内にあるパン屋「ブーランジェリーくまの」。店主はフランス・パリで修業経験のある熊野健（30）。独立開業して2年、夢は多店舗経営だ。店主のたしかな腕前と素材への強いこだわりから、多くのビジネスパーソンや近隣住民に支持されている。しかし3カ月前、店からわずか50mの場所にコンビニがオープン。それ以来、売上が落ちてしまっているようだ……。

閉店間際、予想以上に売れ残った商品を眺めながら健は頭を抱えている。そこに常連客で、近くのオフィスで働くフリーの経営コンサルタント、安堂奈美（38）がやってきた。お目当ての野菜ゴロゴロカレーパンを求めて――。

どんぶり勘定ですが、なにか？

（今日もこんなに売れ残っちゃった……。マズいなぁ、マズイなぁ……）
あ、いらっしゃいませ！　安堂さん、こんばんは。

こんばんは。カレーパン残ってます？　あ、あった！　お昼も食べたんですけど、今日は衝動を抑えきれなくて（笑）。

いつもありがとうございます。……いやぁ、ウチの店は本当に安堂さんのような常連さんに支えられているなぁ……。

たしかに1日に二度来店する客は私くらいだと思いますけど……って、なにかあったんですか？　暗い顔しちゃって。

すみません。実は……安堂さんだから言いますけど、**最近お客さんが減ってる**んですよ。見ての通り売れ残りも多いし。どうしたもの

かと思ってたんですけど、いい考えもなくて……。

 やっぱりあのコンビニの影響？

 はい。この状態で本当にやっていけるのか、不安で最近寝つきが悪いんですよ。せっかく独立できたのに……。借金めちゃくちゃ残ってるのに……。そのうち、店を閉めなきゃならなくなるかも……。

 えぇ!?　それは困ります。熊野さんは私のようなファンのために、野菜ゴロゴロカレーパンをつくり続ける責任があるんですよ!

 そう言われましても……（笑）。そういえば、安堂さんって経営のアドバイスをするお仕事をされてるんですよね？

 はい。フリーで経営コンサルタントをしています。まさに熊野さんみたいな小規模事業者さんの支援がメインですね。

 おぉ……。

 差し支えなければですけど、客数や売上って何パーセントくらい減ってるんですか？　私もお客さんが少なくなってきてるかなとは感じてたんですけど。

13

ん？　何パーと言われても……。まぁ、その……かなり……ヤバめな感じで。

 あ、なるほど……。でも何かしらの**売上管理**はされてますよね？オープン当初からタブレット型の POS レジを使ってるから、データはありそうですけど。

 これですか。業者の人に言われるがままに導入しましたけど、全然使いこなせてません。1 日の売上を確認するくらいですね。
一応毎日の売上と、その日に仕入れ業者さんに支払ったお金はノートに記録してます。これを売上管理というのかはわかりませんが……。

 「現金の出入り」を記録されているわけですね。

 パンを売ったお金で材料を買う。ひたすらその繰り返しです。

 それだと、現金がショートしたらアウトですね。売上管理って、本当はもっと細かいものなんですよ。細かい数字まで追わないと、まさにいま熊野さんが置かれている「先行きが不安だけど、なにから手をつけていいかわからない」という状況に陥りやすいんです。

 むむむ……。

売上管理

入ってきたお金と出て行ったお金の「内訳」がわからないと、値が増減する「理由」が特定しづらくなってしまいます。そして「理由」がわからなければ、打つべき「施策」が見えてきません。

ちなみにですけど、次の日につくるパンの個数はどうやって決めてます？

 定番のパンはある程度決まった数を焼いて、それ以外はけっこう感覚的に決めてますね。

 職人の勘みたいな。

 そんなカッコいいものじゃないですけど、毎日やっていればだんだんわかるようになるというか……。これだけ売れ残りが多いので説得力ゼロですけど（涙）

 なんとなく状況はわかりました。

自分の感覚を信用しない勇気

 こう言ってはなんですけど、現状はいわゆる「KKD」経営かもしれないですね。

 クリスピー・クリーム・ドーナッツ？

 違います（笑）。「経験（K）・勘（K）・度胸（D）」の頭文字です。あまりお店の数字は重視せず、感覚や思いつきで意思決定をすることを言います。とはいえ、オーナーがほぼすべての意思決定をする小規模事業者ではKKD経営が多いですけどね。

 経験、勘、度胸……。まったく否定できない（笑）

KKD も一つの才能ですから悪いわけじゃないんです。そもそも、なんでもかんでも理詰めでうまくいくわけではないですから。

でも、KKD だけに頼るのも考えものかもしれません。だから**客観的な事実、つまり数字やデータに基づく経営判断**も積極的に取り入れてみたらどうですか？

数字やデータかぁ……。苦手なんですよね。確定申告も税理士さん任せだし。

というか僕は中学を出てからパン一筋で、安堂さんみたいに学はないし、美味しいパンをつくるしか能がないんです。でもそこを突き詰めればお客さんも自然と増えると信じてやってきたんですよね。

正直に言ってほしいんですけど、ウチのパンの味、落ちました？

いやいや、超安定の美味しさですよ。だからおそらく問題はそこじゃないのかもしれないですね。

それが一番困る……。「味以外」と言われたらお手上げです。

売上を左右する要因のうち、どれが本当の課題なのかをデータから見きわめて、どんな対策を打つか。これは経営者にとって永遠の課題なんですよ。

そうですね……。あの、もしよかったら、このお店を立て直すお手伝いをしましょうか？

え、相談に乗ってもらえるんですか？　あ、でも……。

とりあえず報酬はいりません。私の野菜ゴロゴロカレーパンを救うためですから。もし売上が上向いて経営が軌道に乗ってきたら、そのときまた話しましょう。

それは助かる（涙）

どのみち私が仕事を終えるのがお店の閉店時間前後が多いので、仕事終わりにたまに寄って、熊野さんに**データ分析**の基本を教えますよ。私が普段やっているコンサルティングもデータ分析がメインなんです。

 デ、データ分析って言われても……。

 やってみればそんなに難しい話ではないんですよ。要は**経営に関わるいろんな数字を活用しながらお店の課題を見つけたり、目標を設定したり、施策を考えていったりすること**です。

 そうですか。

 経営にデータ分析を用いる一番のメリットは「正確な現状把握」がしやすくなることなんです。**数字はウソをつかないし**、現実を直視せざるを得ないですから。
たとえば「最近あのパンの売れ行きがイマイチ」みたいなことは感覚でもわかるでしょうが、実際にどれくらいの売上なのか、もしくは前年比でどれくらい落ちているのかといった正確な状況は、やはり数値を見ないと把握できません。

 （ドキ！）……。でも感覚的につかめていればOKじゃないんですか？

 もちろん。でも、人の感覚って意外とあてにならないことも多いんですよ。

 う……。

 自分の思い込みや信念、願望などが感覚に影響を与えることは当然あるんです。人間はコンピューターではありませんからね。

甘めになる、ということ？

 そういうケースが多いでしょうね。客足が減っていることに薄々気づいていても、「まだ大丈夫」と自分を納得させて、決算のときに現実を突きつけられて焦る経営者はたくさんいます。問題が大きくなるまで気づかない。どんぶり勘定で経営するリスクって、これが一番大きいんです。

逆に悲観的な性格の人は、予測が厳しめになることもあります。「ヤバいよ、ヤバいよ」と毎日胃をキリキリさせてたのに、いざデータ集計してみたら売上はたいして変わってなかった、とか。

 そのパターンであってほしい（笑）。

 だから**データという事実があれば、そういう感覚のズレを補正できる**んです。いまの熊野さんに必要なのは、お店がどんな状況にあるのかを正しく把握することです。

幸い、このお店には **POS レジ**があるので、そのデータを使えばおそらくかなりの部分で現状把握ができると思います。現状把握ができたら一緒に課題を見つけて、それを解決する方法を考えましょう。

感覚とデータ

長年の経験から感覚の精度が高い人もいますが、そういう人でも一度データと向き合えば、自分のどの感覚の精度が高くて、どの感覚の精度が低いのかがわかります。

 でもデータ分析って、すごい業務システムとかを導入しなきゃいけないんでしょう？　融資はパツパツに受けちゃってるから、そんなお金はないですよ。

大企業とかになるとそうかもしれないですけど、まずは Excel（エクセル）だけで十分です。そこにノートパソコンありますよね。

 あ、エクセルでいいんですか？

 はい。ほとんどの POS レジは売上データを **CSV ファイル**という形式でダウンロードできるようになっていて、エクセルでそれを読み込むことができます。
あ、ちなみに熊野さん、エクセル使えます？

 超、超、超基本だけですよ。実はオープン当初は現金の出入りをエクセルに打ち込んでたんですよ。でも記録するだけならノートに書いた方が早いと気づいて、使わなくなりました。だから本当に素人です。

 大丈夫です。イチから教えますし、初心者の人でも感覚的にデータ集計ができる、エクセルの**ピボットテーブル**と呼ばれる機能を使いますから。

 僕のエクセルには入ってないと思いますけど。

 入ってます（笑）。

ピボットテーブル

普段エクセルをバリバリ使っている人でもその存在を知らなかったり、「難しそう」と敬遠したりする人もいるのがピボットテーブル。実はデータ分析初心者やエクセル初心者こそ、ピボットテーブルを使うべき！それくらい便利です。

じゃあ、初回はデータ分析の基礎知識とピボットテーブルの基本操作をじっくり教えたいので、お店の休業日に私が使っている貸しオフィスの会議室でレクチャーすることにしましょう。そのノートパソコンをもってきてください。

いいんですか。すみません。

そのとき、POS レジが記録してきた売上データを CSV ファイルでダウンロードしておいてもらえますか？　データはいくつか種類があるかもしれませんが、必要なのはレジで会計するたびに記録される売上データです。

はい……。なんとかやってみます。

ダウンロードの仕方は、POS レジのサイトに書いてあるはずですよ。ちなみにダウンロードできた CSV ファイルは開かなくていいです。文字化けしたり、エクセルが勝手にデータを変換してしまう可能性があるので。もしダブルクリックして開いてしまったら、保存せずに閉じてください。

わかりました。

じゃあ、そういうことで。そろそろ野菜ゴロゴロカレーパンのお勘定をお願いします！　もうお腹ペコペコです！

あ、すみません。毎度あり！

1章

データ分析は
"目的"が第一

パンは美味しい。なのに儲からないワケ

店休日に貸しオフィスの会議室に集まった二人。健は少し緊張気味だ。一方、奈美は鼻歌まじりでパワポのスライドを用意している。野菜ゴロゴロカレーパンを1日でも長く食べ続けるために、教える気満々なのだ。プロジェクターで映し出された画面には、「データ分析とは」と大きく書かれていた。

データ分析は"最適な意思決定"への道しるべ

 こういうおしゃれな会議室って少し緊張しますね。「ザ・ビジネスパーソン」って感じで。

 熊野さんも経営者ですけどね（笑）。そういえばCSVファイルはダウンロードできました？

 意外と簡単でした。

 よかった。じゃあそのファイルはあとで使いますね。
まずはスライドを使いながら、データ分析とはなにかということについて、あらためて説明させてください。わからないことや疑問に思うことがあったらどんどん聞いてくださいね。

 わかりました。

 最初はそもそも**データ**とはなにか、という話です。普段あまり意識せずに使う言葉ですけど、データってなんでしょう？

 えっと……き、記録のこと？

いい回答ですね。私なりの定義だと、データとは**事実を示すもの**です。感覚値でも、妄想でもない、客観性を帯びたもの。なおかつ、熊野さんがおっしゃったように、何かしらの形で保存されているもの。それがデータ。

もともとはコンピューター用語で定義の仕方はいろいろあるんですが、「データ分析」という文脈では、私はこう定義しています。

事実ですか……。そういえば最近、「ビッグデータ」とかよく耳にしますね。全然意味がわかってませんが（笑）

「これからの時代は大量のデータをもっている企業や国が勝つ」みたいなことはたしかによく言われます。

ふーん……。でも、そんなにすごいんですか、データって。

おっ！　実はいまのは最高のツッコミです。

そ、そうですか？

どれだけ莫大な量のデータがあるとしても、それだけでは価値はゼロです。

身近な話をすれば、スマホのアプリで毎日歩数を記録していたとしても、その歩数を一度も確認しなければ、そのデータはメモリをムダに占有するゴミですよね。

ええ。

一方で、記録された歩数を頻繁にチェックして、「今日は歩数が少なかったから明日は一駅手前で降りて歩こう」みたいな判断に使っ

たとすれば、そのデータは価値があった、と言えますよね。
つまり、**データは使わなければ意味がない**。それがデータを理解するうえでもっとも本質的なことです。

解釈して使わなければ意味がない、と。

ではなにに使うかというと、**意思決定の手助け**をするために使います。判断材料にするということですね。「ヒント」や「参考程度」に使うこともあれば、「厳格な指標」として使うこともあります。

同じデータでも？

はい。「事実は一つ。捉え方は無限」という言葉があるように、データも事実ですから、使う人によって扱い方が変わります。ちなみに熊野さんはプロスポーツではなにがお好きですか？

野球ですね。

じゃあ、たとえばプロ野球チームの監督が選手起用を考えるときには、打率とか防御率とかいろんなデータを見ますよね。でも、どのデータを重視するかは監督やコーチ次第です。

ふんふん。

こうしたことがデータを理解するうえでの大事な視点です。**データは事実を示すもの。そこにどんな価値を見い出すかが分析する人の腕の見せ所**なんです。
それをふまえて、今度はデータ分析とはなにかを考えましょう。
データ分析とは、**ある目的を達成するために、無数にあるデータ（事実）から、意思決定の根拠となりそうな意味のある情報を抽出する作業**だと言えます。

長い（笑）

 すみません。大事なポイントは、データ分析はあくまで「目的ありき」だということです。

 目的というのは……？

 課題の解決かもしれないし、目標の実現かもしれません。
目的を達成するためにはさまざまな意思決定が必要ですね。でも**意思決定をするには判断材料となる情報が必要**です。
それが「ウワサ話」や「誰かの感想」や「自分が作り上げた幻想」のような不確かな情報だと、意思決定を誤るリスクが高まります。
じゃあどうすれば情報の精度が上がるかというと、データ（事実）に基づいた裏づけをとることが必要なんです。

 なるほど。

だから「目的」「意思決定」「情報」「データ」の関係って、図にすると こんな感じ。データ分析はデータから情報を抽出するところを指 すと考えてください。

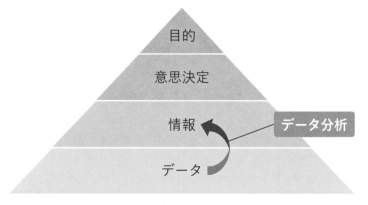

数字の羅列にすぎない「データ」を、意思決定の材料となる 「情報」に昇華させるのがデータ分析

 ピラミッドみたいな。

 このように、データ分析は目的を達成するための一つの手段なんで すけど、コンサルの現場に行くと、社長さんたちから「知り合いの 会社がデータ分析で業績を上げているから、ウチにも導入したい。 やり方はお任せします」とか、「ウチの業務システムにこんなデータ がたまっているから、うまく活用してください」みたいに言われる ことがあるんです。

 ありそうな話ですね。

 つまり「データがあればなにかいいことが起きる」と勘違いしている んです。そういうときは「データ分析の目的はなんですか?」とか、 「データ分析でどんな情報を知りたいんですか?」と尋ねていきま す。

なるほど。

もう一つの重要なポイントは、**データ分析とは「質の高い判断材料を用意するプロセス」を指すものであり、それ自体が決断を下すわけではない**ということです。
だから私がコンサルティングのときに意識しているのも、クライアントさんが自力で質の高い判断材料を集められるようにすること。それが結果として会社の課題解決力を上げるんですね。

パンをつくってあげるんじゃなくて、パンのつくり方を教える、みたいな。

まさに！　経営課題なんて考えだしたら無数にあるので、私が代わりにその一つを解決したところで絶対に別の課題が出てきますよね。だとしたら、みなさんの手で、データという強力なツールを使いながらさまざまな課題と取り組むことができるようになる方が有意義だと思うんです。今回もそれを目指します。

データ分析を使った課題解決の5ステップ

データ分析を使った課題解決は、ざっくり五つのステップに分けられます。これは完全に私の自己流の解釈ですけどね。
先に結論だけお見せします。

データ分析を使った課題解決の5ステップ

ステップ❶ 目的を明確にする
（例）「○○を達成したい！」

ステップ❷ データを準備する
（例）データを探す、新たにつくる、整える

ステップ❸ データから意味のある情報を抽出する
（データを分析する）
（例）集計する、規則性を探す、現状を把握する、課題を見つける

ステップ❹ 要因（原因）を分析して特定する
（例）なぜそうなったのかを考える、影響の大きい要因（原因）は
なにかを考える

ステップ❺ 施策を実行し、結果を評価する
（例）施策の前後でどうデータが変わるかを確認する

 難しそう……。

 実際にやってみればそれほど難しくないですし、この順番が大事だとわかります。これから一緒に取り組んでいくいろいろな課題は、基本的にすべてこの五つのステップをたどります。
一応簡単に説明しておきましょう。

ステップ❶ 目的を明確にする

 目的を明確にすることは、先ほども触れましたね。目的もなくデータ分析をすることはありえません。
データ分析をしているときは常に目的を意識しなければいけないし、
意識するには目的をしっかり言語化しなければいけないんです。

目的かぁ……。たしかに私が新作パンを開発するときも、いろいろ試行錯誤はするけど、「こんなパンにしたい」という具体的なイメージは頭にありますね。やみくもに材料を混ぜて「美味しくなるかな？」なんてことはしないなぁ。

そうですよね。まぁ、やみくもにつくって奇跡的に美味しいパンができる可能性はゼロではないでしょうけど、非常に効率が悪い。データ分析も同じです。

ステップ❷ データを準備する

データを準備するのは、パンづくりでいえば材料集めと下準備です。社内外に存在するデータからステップ❶の目的の達成につながりそうなデータを探してきたり、その集めたデータを使いやすいように加工したりします。
あと、欲しいデータが存在しないとき、**データがたまっていく仕組みをつくる作業**もここに含まれます。

データをつくることもあるのか。

あるんです。このステップの最初でどんなデータが必要なのかを考えますが、もしそのときに迷ったら、先ほどの「目的、意思決定、情報、データ」の関係を思い出してください。

「こんな情報が欲しい」と考えていくと、欲しいデータが見えてくるということですか？

そうです。たとえば友人にレストランでのパーティに誘われてコーディネートを決めないといけないとき、どんな情報が必要ですか？

気温とか、お店の雰囲気とか？

そうですね。それが「コーディネートを決めるために知りたい情報」です。ではその情報はどうやって手に入れますか？

ネット検索かな。

ですよね。そうやって客観的な裏づけをとっていくじゃないですか。目的から考えるというのはそういうことなんです。

ステップ❸ データから意味のある情報を抽出する

データから意味のある情報を抽出するというのは、まさにデータ分析のど真ん中の工程ですね。
集まったデータをいろいろな角度から眺めたり、グラフにしてみたり、比較してみたりするなかで、課題や規則性を探していきます。今回はその道具としてエクセルを使うわけですけど。

データを眺めると……課題や規則性が見えてくるんですか？　そんなことできるかなぁ……。

実際には逆が多いですね。

逆？

つまり「こんな課題があるんじゃないか」という仮説をもってデータを集め、それを分析する。すると「本当にそうだった！」とわかることもあれば、「そうでもなかったな」と気づくこともあります。

仮説自体はどうやって立てるんですか？

それこそ最初は KKD でいいんです。経験値とか勘で「こうじゃないかな？」といったん決めて、それが本当に正しいかどうかを一つひとつデータで確認していく。そうやって軌道修正をしながら仮説の精度を高めていくんです。

仮説思考

仮説を立てることはデータ分析においてとても大事な姿勢で、データを集めるときも、情報を集めるときも、施策を考えるときも、積極的に仮説を使っていきます。

一方で、仮説を使わずに網羅的にデータを見て、そこから課題を見つける分析の方法もあります。こちらの方が時間はかかりますが、仮説を立てる段階で気づいていなかったことに気づくこともあります。データの件数が少ないとき（人の目で確認できると思える件数のとき）に使える方法です。

すると、そのうち仮説が「定説」みたいに変わるわけですか？

いえ、ある仮説が正しかったとしても、動きの速いビジネスの世界でそれが「定説」になることはありません。あくまでそのとき、その条件で正しかったということです。

やっぱりそんなにうまい話はないか。

データ分析でビジネスが100％成功するなら、私はいまごろ大富豪ですよ（笑）

ステップ❹ 要因（原因）を分析して特定する

ステップ❹の要因分析は、データを分析してざっくりと課題や規則性が見えてきたときに行います。「なぜそのような課題があるのか？」「なぜそのような規則性があるのか？」といったことを、**「なぜ？なぜ？」**と自問自答しながら、**考えていきます。「なぜなぜ分析」**と呼ばれています。
たとえば、ステップ❸でお客さんが減っていることが明らかになったとしたら、まず「なぜお客さんが減っているのか？」を考えます。

競合に流れているとか？

そうですね。ほかにも「町の人口が減っているから」とか、「ごはんブームが起きているから」とか、「味や接客の質が落ちたから」とか、「近くの工場が閉鎖したから」とか、「近所のスーパーが移転して人の流れが変わったから」とか、いろいろありますよね。

なるほど。

そうやって理由を列挙したら次にそれぞれの理由についても「なぜ？」と考えていきます。たとえば「競合に流れている」理由を考えていけば、「価格で負けているから」「味で負けているから」「サービスで負けているから」「知名度で負けているから」「アクセスのよさで負けているから」とか分解していけますよね。
「価格で負けているから」の理由も「原材料が高いから」「家賃が高いから」「大量一括購入できないから」「人件費が高いから」とか、いくらでも分解できます。

すげー！　さらっと出てきますね。

いまは思いつくまま言っただけですけど、本気でなぜなぜ分析するときは、一つひとつの理由についてもデータで裏づけをとっていかないといけません。

「なぜなぜ分析」に必要なこと

事象をどんどん細かく分けていきながら、「この要因は対策を打つべきだ」という、具体的な課題の絞り込みをする必要があります。したがって、その前提となる情報が間違っていると、せっかくの施策がムダに終わりかねません。

逆に言えば、「近くの工場が閉鎖したから」という理由なんてお店としては不可抗力ですから、そういう部分は掘り下げなくていいです。また、問題は起きていないけどさらに伸ばしたいというときは、現状うまくいっていることも、うまくいっている理由（要因）を掘り下げていきます。すると、他の箇所にも適用できる施策が見えてくることがあります。

 へぇ～。

 図にするとこんな感じです。

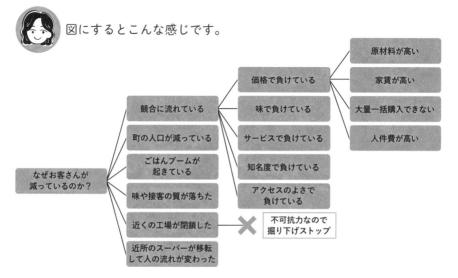

33

枝を広げていくのが難しそうですね。

なぜなぜ分析をするときも仮説はどんどん使っていいんですよ。たとえば「ライバル店の新商品の影響でお客さんがとられている」という要因が考えられるとしたら、とりあえずリストアップしておく。そのうえで、その裏づけをとるためにスタッフをライバル店に送り込んで、どんな客層がその新商品を買っているのか調べてくるとか。それで裏づけがとれたら対策を考えればいいわけです。

そこまでやるんですか!?

なかなかそこまでやれるお店は少ないですけど、それができるお店はやはり業績がいいですね。

ステップ❺ 施策を実行し、結果を評価する

ステップ❺は、絞り込んだ課題（特定した要因や原因）を解決できそうな施策を考え、実行することです。ただし、やりっぱなしだとデータ分析の意味がありません。**目安となる指標を決め、施策の前後でその値を比較して、効果が出たかどうかを数字で確認**します。たとえば客数を増やすための施策を打つなら、客数の推移を確認していくわけです。データを活用できていない会社って、思いつきの施策をやりっぱなし、というケースが本当に多いんですよね。

耳が痛い（笑）。むしろ、やってみたことが逆効果になる場合もあるんですよね？

もちろん。だから極力そうならないように、要因（原因）を直接的に取りのぞくことができる施策を考えることが大事で、実行したあと

にはちゃんと数値でその効果を評価して、うまくいかなかったら改善する、もしくは潔くやめる決断も必要なんです。

うーん。これは予想していた以上の作業になりそうだ。

でも、ステップ❹で絞り込んだ課題のすべてに対して施策を打つわけではありません。いくつも出てくる課題に対して、効きそうな施策を一個ずつ試してみるのがいいんです。

一個ずつでいいんですか?

そうしないと、どの施策が効果的だったのか、評価できなくなってしまうんです。

施策は一つずつ

たとえば商品ラインナップを全面的に変えつつ、価格もガラッと変えつつ、内装も変えつつ、SNSで情報発信もしつつ、となると、売上が増えてもなにが効果的だったのかわかりません。

どんな基準で一つを選べばいいんですか?

基本は「一番効果が期待できそうなもの」ですね。もちろんその「期待する効果」も仮説ベースですけど。

そうか……。

ただし、もしその施策がハイリスクのものであれば、たとえば「ほぼ確実に効果を期待できるうえに、すぐできる施策」みたいな基準で選ぶのもアリです。この辺は本当に経営者の性格が出ます。

なるほど。

 以上がデータ分析の流れですが、ここまで大丈夫ですか？

 なんとか（笑）。目的とか、要因分析とか、仮説とか、言葉で聞くと難しいですけど、よく考えるとパンづくりに通じるものがありますね。
パンがうまく焼けなかったときは、原因を特定するためになぜなぜ分析をしてますし、原因が特定できないときは仮説を立てて、それを検証しています。

 きっとそうだと思うんです。なにかを極めようとする職人さんならできます。だから熊野さんにはパンづくりだけじゃなく、経営に関しても職人になってほしい。

 経営の職人かぁ。たしかに多店舗経営が夢だからなぁ……。

 あ、ちょっとやる気が出てきましたね！

どうやったら「儲け」を増やせるか

 先ほどから「データ分析では目的が大事」という話をしてますけど、ブーランジェリーくまのを立て直すにあたって、なにを目的にしたらいいと思いますか？

それはもう売上アップでしょう。売上が増えれば従業員を増やせる
し、借金も早く返せるし、設備を充実させることもできる。そして
その先には2店舗目があるわけで。

 たしかにそうです。でも……もっと欲を言えば「儲け」を増やしたく
ないですか？　儲けが増えれば成長スピードがさらに速くなって、
2店舗目も近づくわけじゃないですか。

 ん？　「売上＝儲け」なんじゃないんですか？

 儲けって、売上からコストを引いたものですよね。

 あ、そうか。

 売上アップという目的を最優先にしつつ、なんらかの形でコストダ
ウンができれば、儲けはさらに増えるわけじゃないですか。

売上と儲けの関係

あらゆる事業は売上が立つことで成り立ちます。一つの商品をつくって
売るためには材料費、人件費、製造経費などの原価がかかります。売上
から原価を引いたものを「粗利」とか「営業総利益」と言います。
そして、原価以外にかかるコストは「販管費」（「販売費及び一般管理費」
の略称）。広告宣伝費や間接部門の人件費などです。粗利から販管費を
引いたものを「営業利益」や「本業利益」と言います。これがいわゆる
「儲け」のことです。

売上 - 原価＝粗利（売上総利益）
粗利 - 販管費＝本業の儲け（営業利益）

さて、いまの熊野さんのお店で大きなコストといえばなんですか？

材料費、人件費、家賃、光熱費って感じですね。

だいたいどこの小規模事業者もいまの四つが大きなコスト要因です。ただ、このうちの家賃と光熱費を企業努力でどうにかするのは難しいじゃないですか。逆に材料費と人件費は、ある程度コントロールできそうな気がしません？

まぁ、仕入れ先も仕入れる材料も時給もシフトも、全部私が決めてますから。

ですよね。この材料費（Food）と人件費（Labor）を足したものを、業界では**「FLコスト」**と言います。先に結論っぽいことを言うと、売上に対してFLコストが占める割合を40％くらいにしたいんです。最低でも50％未満。
ちなみに、いま社員とアルバイトの方って何人いらっしゃいます？

製造部門は社員4人、販売部門はパート・アルバイト4人です。最近胃が痛い原因の一つが、せっかく育てたスタッフをリストラみたいな形で手放さざるを得なくなることへのプレッシャーなんですよ。

気持ちはよくわかります。人件費にメスを入れるのは本当に最後の手段として、まずはどこかでムダを削ぐことはできないか、見ていきましょう。

わかりました。

ということで、今後一緒にお店の課題を見ていくわけですが、大きく次の三つを目的にしましょう。
①売上を上げる、②原価を下げる、③人件費を下げるです。

三つもやるのかぁ……。

同時にはやりません。上から順に、一つずつ、確実にやってきます。
先ほど話した通り、とにかく優先すべきは売上アップです。
売上アップを優先するとは、「原価や人件費を下げる施策が売上の低下につながらないようにする」という意味でもあります。原価や人件費の削減を優先すると、短期的には儲けが増えるかもしれませんが、**成長の種まで取りのぞいてしまっては意味がありません。**

たしかにそうだ。

これでデータ分析についての説明は終わりです。次は、実際にエクセルを使っていきましょう。

2章

ピボットテーブルは
データ分析の必修ツール

数字が教えてくれた不都合な現実

データ分析の概要を学んだ健。その効果についてはまだ半信半疑だが、「データを通して現実を直視する」という奈美の言葉には感じるところがあった。「自分は職人だから」、「数字が苦手だから」という口実で現実から逃げてきたような気がしていたのだ。そんな健に、奈美はエクセルを使った売上集計の方法を教える。「現実」はいかに──。

データ集計・分析に最適なピボットテーブル

ここからは、売上アップを目指して実際のデータ分析を行っていきます。今日のところは、エクセルで売上の集計をしながらお店の現状把握をして、課題を絞り込んでいきましょう。

エクセルを開くこと自体久しぶりだ（笑）。そういえば前回、ピボットなんちゃらを使うとおっしゃってましたよね？

ピボットテーブルですね。エクセルに標準装備されている機能で、データ集計や分析を得意とします。
先ほど五つのステップについて話しましたが、「データから意味のある情報を抽出する（ステップ③）」で、ピボットテーブルがめちゃくちゃ役立つんです。具体的には、**たいていのデータ集計は１分足らずでできます。**あと、**表やグラフの縦や横の項目を、ドラッグ操作だけですぐに変えられます。**

ピボットテーブルができること

ピボットテーブルは、「データ分析補助ツール」でもあります。人間が「こんなデータをこんなふうに集計すれば、意味のある情報が見えてくるかも」と思ったとき、サクッと実行できるのがピボットテーブルの強み。トライ＆エラーがしやすく、結果的に分析作業がはかどります。

仮説を立てて、検証するのがすごく楽になると。

そういうことですね。「データ分析をとりあえずやってみたい」とか、「エクセルは不慣れだけど仕事でデータを扱わないといけない」という人に、ピボットテーブルは超オススメです。

少し気になってきました。

ただし、ピボットテーブルを使うには、集計を行う**元データ**が必要です。幸い熊野さんのお店では POS レジを使っているので、元データはある程度あるはず。なので、まずは元データとなる CSV ファイルをエクセルで読み込む方法から説明しますね。

CSV 形式はデータ分析界の "標準語"

そもそも CSV ファイルってなんですか？

データを保存する形式の一種で、データを記録するときの文法みたいなものです。

エクセルファイルとは違うんですね。

エクセルファイルは、Microsoft（マイクロソフト）社独自の文法で記録されています。でも、データを扱うソフトはエクセル以外にもいろいろあって、ソフトによって文法が異なることがあるんです。CSV は、そんな異なるソフト間でもデータをやり取りできる記録形式なんですよ。

イメージがわきません……。

そうですねぇ……。たとえば沖縄の人と青森の人がお互いの方言で会話したら意思疎通が難しいので、標準語を使いますよね。そんな感じです。**CSV は標準語**。

わかりやすい（笑）。だから POS レジのサイトからダウンロードできるのも CSV なのか。

CSV といえば、普通はカンマ区切りだと覚えておけば OK です。

CSV ファイル

CSV は「Comma Separated Value」の略で、データを保存する形式の一種。「カンマで区切られた値」という名前の通り、表になっているデータを行は改行で区切り、項目（列）はカンマで区切っているだけの超シンプルな形式のデータです。なお、行は**レコード**、項目は**フィールド**と言います。ちなみに、カンマ区切り以外にも、タブ区切り（TSV）、セミコロン区切り（SSV）、スペース区切り（SSV）というのもあります。

```
取引ID,取引日,取引時間,曜日,商品ID,商品名,商品カテゴリ,商品単価,数量,売上金額
1,2020/10/1,8:06:05,木,P001,あんぱん,菓子パン,130,2,260
2,2020/10/1,9:10:50,木,P007,発酵バタークロワッサン,主食パン,250,4,1000
2,2020/10/1,9:10:50,木,P003,天然酵母の食パン,主食パン,350,1,350
3,2020/10/1,10:35:00,木,P003,天然酵母の食パン,主食パン,350,2,700
3,2020/10/1,10:35:00,木,P005,メロンパン,菓子パン,200,2,400
4,2020/10/1,11:05:18,木,P005,フランスパン,主食パン,300,3,900
4,2020/10/1,11:05:18,木,P013,野菜ゴロゴロカレーパン,惣菜パン,200,5,1000
5,2020/10/1,12:02:06,木,P001,あんぱん,菓子パン,130,3,390
5,2020/10/1,12:02:06,木,P007,発酵バタークロワッサン,主食パン,250,6,1500
5,2020/10/1,12:02:06,木,P003,天然酵母の食パン,主食パン,350,1,350
```

CSV ファイルをテキストエディタ（「メモ帳」など）で表示した例

エクセルへの読み込みにもコツが必要

 CSV ファイルを扱う際に、まず行っておいた方がいい設定が三つあります。

一つ目は、エクスプローラでファイルの拡張子を表示する設定にしておくこと。エクスプローラで「表示」→「表示」→「ファイル名拡張子」をクリックし、チェックがついた状態にします。

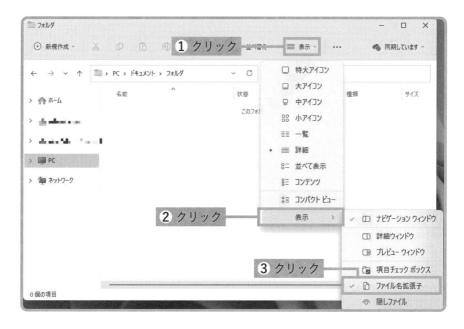

二つ目は、CSV ファイルを開くプログラム（アプリケーション）を変更すること。CSV ファイルは自動的にエクセルに関連づけられているので、見た目だけではエクセルファイルなのか、CSV ファイルなのかがわかりづらく、文字化けする可能性もあるからです。

CSV ファイルを右クリックして、「その他のオプションを表示（※）」から、プロパティ→プログラムの箇所で「変更」をクリック。「メモ帳」を選択して「OK」を2回クリックします。

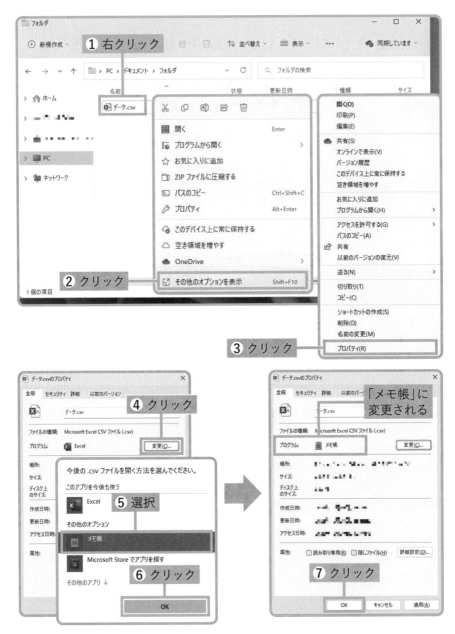

これで、CSVファイルをダブルクリックしたとき、エクセルではなくメモ帳で開くようになりました。

三つ目は、ファイルインポートの設定を変更すること。エクセルで「ファイル」→「その他（※）」→「オプション」をクリック。「データ」の「レガシ データ インポート ウィザードの表示」の「テキストから（レガシ）」にチェックを入れて、「OK」をクリックします。

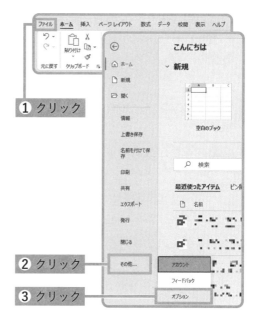

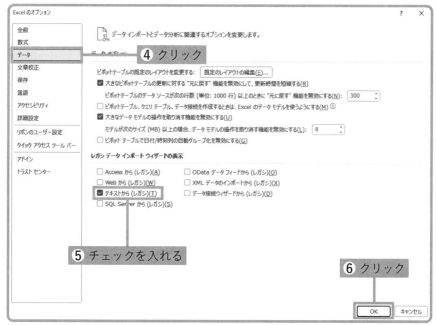

※「その他のオプションを表示」や「その他」は表示されない場合もあります。

ここまででできたら、用意してもらった CSV ファイルのデータを使いたいので、まずはエクセルで新規ファイルをつくってください。「新規」→「空白のブック」の順ですね。

CSV ファイルを開くのではなく？

そこが最初のポイントなんです。データは CSV ファイルに記録されているから、つい CSV ファイルを直接ダブルクリックして開きたくなりますよね。

でも、さきほど CSV ファイルをダブルクリックすると「メモ帳」で開くように設定を変えたので、実際には**エクセルを立ち上げて、そこに CSV ファイルを「読み込む」**という形をとります。

すると、エクセルで CSV ファイルのデータを扱えるようになります。

ふーん。……とりあえず新規ファイルをつくりました。

次に、一番左上の「A1」セルをクリックして選択状態にしたうえで、ウインドウの上部にある「データ」と書かれたタブを選択してください。

「データ」なんてあったんだ（笑）。

あったんです（笑）。するとデータタブの左端に「データの取得」と書かれた円柱のアイコンがありますね。これをクリック。

選択肢が出てくるので、このなかの「従来のウィザード」→「テキストから（レガシ）」を選んでください。エクセルのバージョンによっては、「ファイルから」→「テキストまたは CSV から」と書かれていることもあります。

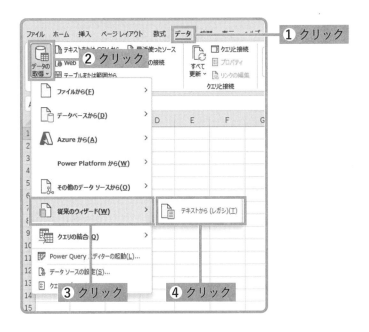

「テキスト」というのが共通点みたいですね。

はい。CSV ファイルはとてもシンプルな文法で書かれていると言いましたけど、パソコンで開ける文書ファイルのなかでもっとも単純な「テキストファイル」として保存されているんです。

CSV ファイルだけど、テキストファイルでもある !?

紛らわしいですけどそうなんです。まぁ、でも「CSV ファイルは書き方のルールが決まっているテキストファイルなんだ」という程度で覚えておいてください。

なるほど。で、ここでダウンロードした CSV ファイルを指定するんですね。

はい。ファイルが見つかったら、「インポート」(バージョンによっ
ては「データ取り出し」)ボタンを押してください。

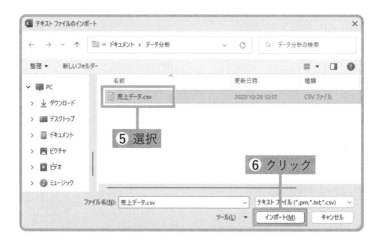

ボタンを押すと「テキストファイルウィザード」と書かれたウインド
ウが出てきます。ここで、読み込みたいデータの記録形式をエクセ
ルに細かく教えてあげます。

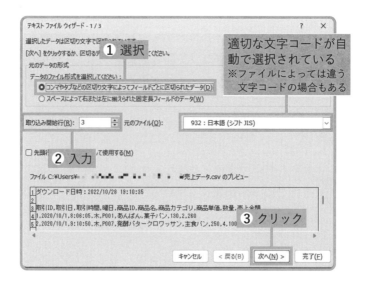

ウィザードの下半分に選択したファイルのプレビューが出てます
ね。これが今回使う CSV ファイルの冒頭部分です。データがカン
マで区切られていますから、「コンマやタブなどの区切り文字によ
ってフィールドごとに区切られたデータ」を選びましょう。
ちなみに、もしプレビューを見てデータがタブやセミコロン、スペ
ースで区切られていたとしても同じで OK です。

はい。

その下に「取り込み開始行」って書いてありますね。数字を指定しな
いといけないんですけど、これはプレビューを確認して、実際のデ
ータがはじまっている行数を入れます。
今回は 1 行目にダウンロードした日時が書かれていて、 2 行目は空
行。3 行目からデータがはじまっていますね。だからこの場合は「 3 」
で OK。もし 1 行目からバーッとデータが書かれていたら、「 1 」に
してください。
ここで CSV ファイルの文字コードが自動で判定され、適切な文字
コードでデータが読み込まれています。

OK です。

「次へ」を押すとウィザードの 2 ページに移動します。ここで区切り
文字の種類を聞いてきます。

ここでコンマを選べばいいんだ！

そういうことです。

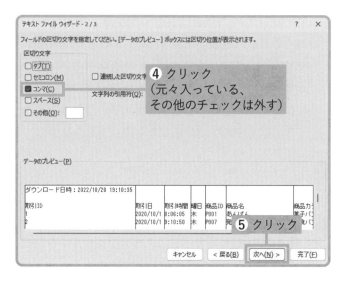

最後のページは「標準」を選んで「完了」を押してください。ここで、データに「0ではじまる数字」があったら、「データのプレビュー」でその部分をクリックし、「文字列」を選んでください。

その他にも、「1/4」や「1-4」、「(1)」などのデータは、エクセルによって自動で別の形式に変換されてしまいます。データ取り込み後にメモ帳で開いた状態と違う表示になっていたら、データの読み込みをやり直して、対象の項目で「文字列」を選んでください。

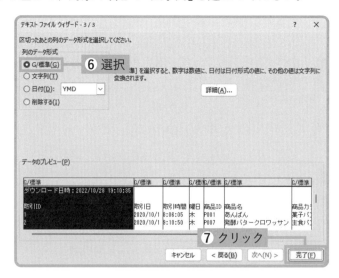

最後に「データを返す先を選択してください」という指示が表示されます。最初に A1 のセルを選択していたので、そのセル番号が最初から表示されています。

 というか、「返す先」って言われても……。

 データを渡して、その結果を返してもらうところ、みたいな意味です。要は「いま開いているシートの A1 からデータがはじまるように取り込んでね」という意味。最後に「OK」を押すと……。

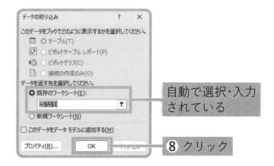

自動で選択・入力されている

8 クリック

 なんじゃこりゃ！　なんかデータっぽいのが現れましたよ！

 たしかにデータです（笑）。しかもすごい量の。**それぞれの行が一回一回の取引（レコード）**ですね。それで 1 回の取引につき、POS レジの種類によりますけど、200 個くらいの項目（フィールド）でデータが記録されています。

フィールド

レコード

	A	B	C	D	E	F	G	H	I	J
1	取引ID	取引日	取引時間	曜日	商品ID	商品名	商品カテゴリ	商品単価	数量	売上金額
2	1	2020/10/1	8:06:05	木	P001	あんぱん	菓子パン	130	2	260
3	2	2020/10/1	9:10:50	木	P007	発酵バタークロワッサン	主食パン	250	4	1000
4	2	2020/10/1	9:10:50	木	P003	天然酵母の食パン	主食パン	350	1	350
5	3	2020/10/1	10:35:00	木	P003	天然酵母の食パン	主食パン	350	2	700
6	3	2020/10/1	10:35:00	木	P005	メロンパン	菓子パン	200	2	400
7	4	2020/10/1	11:05:18	木	P005	フランスパン	主食パン	300	3	900
8	4	2020/10/1	11:05:18	木	P013	野菜ゴロゴロカレーパン	惣菜パン	200	5	1000
9	5	2020/10/1	12:02:06	木	P001	あんぱん	菓子パン	130	3	390
10	5	2020/10/1	12:02:06	木	P007	発酵バタークロワッサン	主食パン	250	6	1500
11	5	2020/10/1	12:02:06	木	P003	天然酵母の食パン	主食パン	350	1	350
12	6	2020/10/1	12:05:08	木	P003	天然酵母の食パン	主食パン	350	2	700
13	7	2020/10/1	12:12:47	木	P005	メロンパン	菓子パン	200	3	600
14	7	2020/10/1	12:12:47	木	P005	フランスパン	主食パン	300	1	300

データ分析で使うのはこのうちの一部ですけど、これが POS レジの実力なんです。

たしかに、一回レジを打つたびにスタッフが 200 項目のメモを残すのは無理だ……。

そうですよね。これで一応 CSV ファイルの読み込みに成功したんですけど、二つだけやっておいてほしいことがあります。
現状だと、エクセルがいま作成したエクセルファイルと参照元の CSV ファイルを自動的に関連づけているというか、「接続状態」になっているんです。不慣れな方の場合は、これを切っておくことをオススメします。

CSV ファイルなどの外部データと接続したままだと……

CSV ファイルが更新されたとき、エクセルがそれを検知して、新たにデータを読み込むことを促してくれます。この状態でエクセルファイルをコピーして使ったり、CSV ファイルを別のフォルダに移動したりすると、予期せぬ不具合が起きることがあります。

「用済みだから縁を切る」、みたいなこと？

そんな感じです（笑）。接続を切るには、同じく「データ」タブのなかにある「クエリと接続」というボタンを押してください。CSV ファイルの名前が出るはずなので、それを選択して右クリック→「削除」を押して、さらに「OK」を押してください。

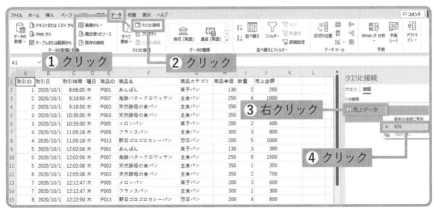

できました!

もう一つ、現状だとデータの入っていない項目が多くて、あとあとの操作が大変なので、不要な項目(列)がある場合はここで削除しておきましょう。

「表」と「テーブル」はなにがどう違う?

では次にいきます。
これは必須ではないんですが、目の前の表を、エクセルで言うところの**テーブル**に変換してもらいたいんです。**テーブルというのは、「普通の表をバージョンアップしたもの」**と思ってください。

はぁ……。

言葉がわかりづらいですよね。テーブルも表みたいな意味があるので混乱しやすいんですが、今後「テーブル」というときは、エクセルの特定の機能で作成した表を指すことにします。テーブル化してない表は、便宜上「すっぴんの表」と呼ぶことにしましょう。

 「すっぴんの表」って（笑）。エクセル的にはなんと言うんですか？

 「セルの範囲」です。

 は？？　じゃあ「すっぴんの表」でいいです（笑）。

 エクセルは表計算ソフトですから、表をつくるのは大前提じゃないですか。だから表とは言わず、「どこからどこまでの範囲（の表）」みたいな言い方をしてるんだと思います。
セルの背景色をどれだけカラフルにしようが、文字の種類や大きさを工夫して見栄えをよくしようが、テーブル化されてないものは「すっぴんの表」です。

 なるほど。

 ではさっそくすっぴんの表をテーブル化していきます。
すっぴんの表のなかのどのセルでもいいのでクリックして選択。そして、画面上部にある「挿入」タブを選択してください。「テーブル」と書かれた選択肢が出るので、それをクリック。ちなみにCtrlを押しながらTを押すショートカットを使ってもいいです。

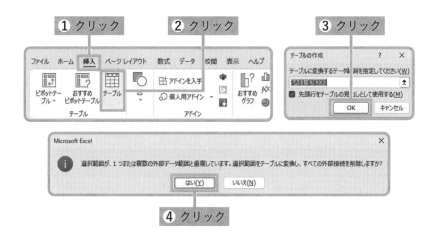

「テーブルの作成」と書かれた小さなウインドウが出てきますね。そこに「テーブルに変換するデータ範囲を指定してください」と書かれていて、その下に「$A\$1:\$J\$330」みたいなことが書かれています。これ、先ほどすっぴんの表の一部を選択していたので、エクセルが自動的にセルの範囲、つまり一番左上のセルと一番右下のセルを判別して、**範囲指定**してくれてるんです。

じゃあ、これが範囲指定の書き方なんですね。

そうです。最初は「表の開始地点となるセル番号」を書き、「:」を打ち、「表の終了地点となるセル番号」を書く、というのがエクセルのルールです。
すっぴんの表を見てもらうと、表の一番左上にあるセルは A1、右下にあるセルは J330 ですね。

「\$」ってなんですか？

セルの番号を固定で指定したいときの「絶対値」という意味で、\$がない場合は「相対値」です。今回のようにテーブルを作成する場合は「\$」を使わない「A1:J330」という形でもかまいませんが、この「\$」は

エクセルが自動的につけてくれるので、そのままにしておきましょう。

絶対参照と相対参照の違い

[絶対参照]

参照するセル番地が常に固定される参照方式。「$A$1」のように「$」をつけると絶対参照となり、数式をコピーして他のセルに貼りつけても、常に同じセルを参照します。「$A1」のように列だけ絶対参照にしたり、「A$1」のように行だけ絶対参照にしたりすることも可能です。

[相対参照]

参照先が、数式が入力されたセル番地に連動して変化する参照方式。数式をコピーして他のセルに貼りつけると、コピー先のセルの位置に応じて参照先のセルが自動的に変わります。「B1」セルに「=A1」と書くと、「B1から見て一つ左のセルを参照する」という意味で、このB1セルをコピーして「C2」セルに貼りつけると「=B2」に変わります。

[絶対参照と相対参照の例]

① A1、A2セルに、手入力で値を入力
② B1セルに、手入力で数式を入力（「&9」は後ろに「9」をつなげるという意味で、値の変化をわかりやすくするためにつけている）
③ B1セルをB2、C1、C2セルにコピーした結果を比較

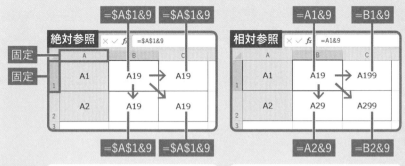

「$A$9」の部分は、コピー後のすべてのセルで変化なし
（どこにいても絶対A1セルを見て！の意味）

「A1」の部分は、コピー後のすべてのセルで「A」の部分、「1」の部分がそれぞれ変化
（自分と同じ行の1つ左のセルを見て！の意味）

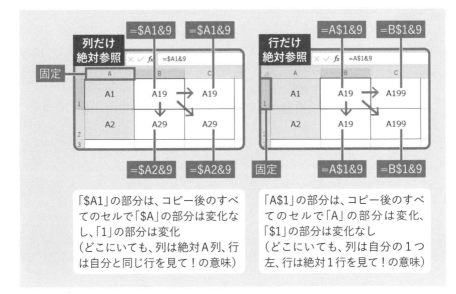

列だけ絶対参照

「$A1」の部分は、コピー後のすべてのセルで「$A」の部分は変化なし、「1」の部分は変化
（どこにいても、列は絶対A列、行は自分と同じ行を見て！の意味）

行だけ絶対参照

「A$1」の部分は、コピー後のすべてのセルで「A」の部分は変化、「$1」の部分は変化なし
（どこにいても、列は自分の1つ左、行は絶対1行を見て！の意味）

そうしたら、「OK」ボタンを押します。「選択範囲が〜」というウインドウが出たら、「はい（Y）」を押してください。

 おっ、派手になった！

「▼」マークがついた

	取引ID	取引日	取引時間	曜日	商品ID	商品名	商品カテゴリ	商品単価	数量	売上金額
2	1	2020/10/1	8:06:05	木	P001	あんぱん	菓子パン	130	2	260
3	2	2020/10/1	9:10:50	木	P007	発酵バタークロワッサン	主食パン	250	4	1000
4	2	2020/10/1	9:10:50	木	P003	天然酵母の食パン	主食パン	350	1	350
5	3	2020/10/1	10:35:00	木	P003	天然酵母の食パン	主食パン	350	2	700
6	3	2020/10/1	10:35:00	木	P005	メロンパン	菓子パン	200	2	400
7	4	2020/10/1	11:05:18	木	P005	フランスパン	主食パン	300	3	900
8	4	2020/10/1	11:05:18	木	P013	野菜ゴロゴロカレーパン	惣菜パン	200	5	1000
9	5	2020/10/1	12:02:06	木	P001	あんぱん	菓子パン	130	3	390
10	5	2020/10/1	12:02:06	木	P007	発酵バタークロワッサン	主食パン	250	6	1500
11	5	2020/10/1	12:02:06	木	P003	天然酵母の食パン	主食パン	350	1	350
12	6	2020/10/1	12:05:08	木	P003	天然酵母の食パン	主食パン	350	2	700
13	7	2020/10/1	12:12:47	木	P005	メロンパン	菓子パン	200	3	600
14	7	2020/10/1	12:12:47	木	P005	フランスパン	主食パン	300	1	300

全体が、しま模様になった

これが「テーブル」です。

テーブル化したときの見た目の特徴

テーブル化するとしま模様に背景色がつき、上にある見出しの横に「▼」マークがつきます。「▼」マークは、表示するデータの選択や並び方を瞬時に変えられる「フィルター」という機能が使えることを意味します。

テーブル化することのすごいメリット

 なんでわざわざテーブルにするんですか？　派手にしたいから？

 簡単に言えば<u>データの管理がしやすくなる</u>からです。

「▼」マークから呼び出せるフィルター機能を使えば、データを昇順、降順に並べ替える**ソート**や、条件を満たしたデータだけ表示させる文字通りの**フィルター**が簡単にできるようになります。

たとえば、いまつくったテーブルは POS レジが記録した時間順に並んでいます。これを商品名のあいうえお順に並べ変えたいと思ったら、「商品名」という見出しの横の「▼」を押して、「昇順」を押すだけでいいんです。試しにやってみましょう。

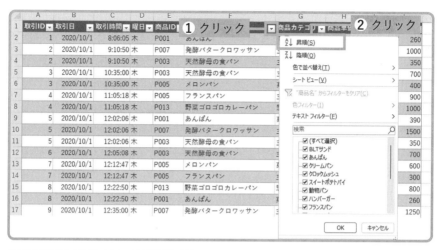

「商品名」の昇順（あいうえお順）
に並び替えられた（日本語よりも、
アルファベットの方が先にくる）

おお。

もしくは、たとえば野菜ゴロゴロカレーパンの取引記録だけ見たい
と思ったら、「商品名」でフィルターをかけることもできます。フィ
ルターをかけるのはあとで説明するピボットテーブルでもできるの
で、そこでやり方は説明します。元の状態に戻すときは、「Ctrl+z」
で元に戻すか、「取引ID」を昇順にします。

了解です。

ほかには、数式を使うときに便利なんです。今回のテーブルはPOSレジが記録した値だけが入っているので、よくエクセルで使う数式が入っていないんですが、**データの項目数が多いときや複雑な数式(計算式)を使いたいときは、テーブル化していると重宝します。**

計算式とは

数式のなかで使える式であり、たとえばA2セルとB2セルの値を掛けた結果をC2セルに表示させたいとき、C2セルに書く「=A2*B2」のような式のこと。ちなみに、エクセルの計算式で掛け算は「*」、割り算は「/」、足し算、引き算はそのまま「+」「-」を使います。

で、たとえばA2が単価で、B2が売れた数量で、C2が売上だとしますよね。すっぴんの表の場合、C2には「=A2*B2」のように式でセル番号を使わないといけません。でも、**テーブルではセル番号の代わりに一番上の行に書いてある見出し(フィールド名)がそのまま使えるんです。**こんな感じで。

=[@単価]*[@数量]

 変なカッコと@(アットマーク)がついてますね。

 エクセル独自の文法で、[@単価]と書いてあったら、「その行の単価の値」という意味です。

 ふーん……こう言ったらあれですけど、けっこう地味な機能ですね。

 たしかにいまの例だと数式がシンプルなので、メリットがわかりづらいかもしれません。でも今回ダウンロードしたCSVのようにフィールドが200個もあって、それらを複雑に組み合わせた式をつく

ったとしましょう。これ、すっぴんの表だと、どのセル番号がなにを意味しているか、わからなくなるんです。

たしかに。

先日もある会社で経理の方にデータを見せてもらったら、謎の数式が書いてある。意味を尋ねたら、担当者も「前任者がつくったのでよくわからない」って。エクセルあるあるですけど。

その点、テーブル化してフィールド名で式を書いていれば、圧倒的に理解しやすいんです。

なるほど〜。

もう一つメリットを補足しておくと、**テーブル上で一つ式を書くと、同じフィールドのほかのセルも自動的にその式で埋めてくれる**んです。

すっぴんの表に数式を書くときって、一つのセルに式を書いたら、その式をほかのセルにもコピーしなければいけません。具体的には、式を書いたセルの枠の右下にある小さな■をドラッグして、同じ数式を入れたいセルを選択するんです。

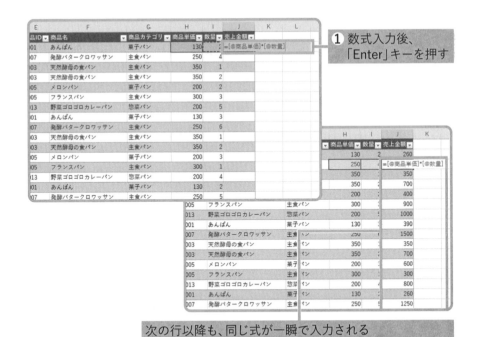

1 数式入力後、「Enter」キーを押す

次の行以降も、同じ式が一瞬で入力される
※①の数式は、どの行に書いても、その他の行に同じ式がコピーされる

 へぇ。それをしなくてもよくなるわけですね。

 話をまとめると「データの表示を簡単に変えられる」、「数式で見出し名が使える」、あとは「数式を1か所に入力してEnterキーを押せば、すべての行に数式が入力される」というのがテーブル化の3大メリット。エクセルをよく使う人でもテーブル機能を使ってない人がけっこういて、はっきり言ってもったいないです。

 プレゼンうまっ！

 ここで、テーブルに「POSレジデータテーブル」という名前をつけておきます。シート名も「POSレジデータ表」に変更しましょう。テーブルに名前をつけておくと、数式でほかのテーブルからこのテーブルのセルを参照するときにわかりやすくなります。

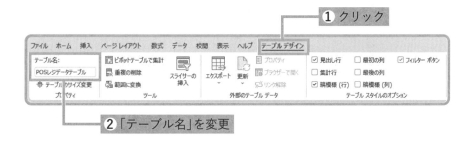

テーブル化したものをすっぴんの表に戻したいとき

テーブル内のどこかのセルを選択した状態で、「テーブルデザイン」タブにある、「範囲に変換」を選択。すると背景色はそのまま残って、見た目はテーブルっぽいデザインですがすっぴんの表に戻ります。

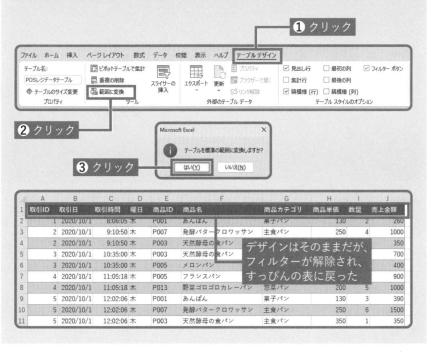

ピボットテーブルで表もグラフも自由自在

 さて、ここまでは CSV データをエクセルに取り込み、すっぴんの表をつくりました。そして、それをテーブル化しました。この表やテーブルのことを、今度は元データと表現していきます。

手元にある元データで十分かどうかはまだわかりませんが、お店の現状を把握するには十分な気がします。次に、この元データを使ってピボットテーブルをつくり、データの集計をしていきましょう。

 あれ？　いままでの作業はデータ集計と言わないんですか？

 現状だと、データを読み込んだだけですね。「集計」って「(バラバラの情報を)かき集めて足す」みたいな意味なので、取引(レコード)ごとにバラバラになっている情報をかき集めていく作業が必要なんです。

 そのときに便利なのがピボットテーブルなんですね。

 そうです！　あらためてピボットテーブルを説明すると、**元データを直接いじることなく、手軽に元データの一部のデータを集計できる機能**です。さらに、ピボットグラフという、ピボットテーブルの集計結果を手軽にグラフ化してくれる機能もあります。先ほど説明したように、データにフィルターをかけることも簡単です。

 グラフ化もできるんですね。

 で、実際のピボットテーブルを使ったデータ集計は、次のような手順で行います。

ピボットテーブルを使ったデータ集計の手順

①元データ（すっぴんの表もしくはテーブル）を指定する
②元データのどの項目（フィールド）のデータを使うか、どう加工してどう見せるかを指定する
③ピボットテーブルが作成される
（④ピボットテーブルをグラフ化する）

最大のポイントは②なんです。ピボットテーブルのつくり方は自由なので、扱うフィールド数が多ければ多いだけつくり方も増えます。そのため、どのフィールドのデータを使うのか、そのデータをどう加工して見せるのかはユーザーが自分で決めなければいけないんです。

つまり……？

つまりステップ①が仕入れ元選びだとしたら、ステップ②は材料選びと調理法選びです。それで完成した料理がピボットテーブルだと思ってください。

仕入れ元選び	元データ（すっぴんの表もしくはテーブル）を指定する
材料選び&調理法選び	元データの、どの項目（フィールド）のデータを使うか、どう加工してどう見せるかを指定する
料理	作成されたピボットテーブル

ああ。じゃあ、もしかして秘伝のレシピみたいなのを教えてもらえるんですか？

小規模な小売店でのスタンダードなやり方は教えていきますけど、熊野さんには調理で言うところの包丁の使い方とか、生地の練り方みたいな基本技術を覚えてほしいんです。

というのも、いきなり理想的なピボットテーブルができる保証はありません。「このデータとこのデータを集計したら意味のある情報が抽出できるかも」とやってみても、思い通りにいかないことは普通に起きます。ただ、ピボットテーブルは**元データさえあればいろんな調理方法がサクサク試せる**ことが強みなんですね。

あ、仮説と検証の話か。

はい。自力でデータをあれこれ動かせるようになるには、基本技術を覚えることが先決です。

"目的"があってこそのピボットテーブル

ではピボットテーブルをつくってみます。

やることはテーブル化の作業と似ていて、テーブルのどこかでセルを一つ選択します。「挿入」タブを押し、「ピボットテーブル」というボタンを押すと、「テーブルまたは範囲からのピボットテーブル」というウインドウが出てきます。

すでに元データの一部を選択していたので、自動的にテーブルが検出されています。

ちなみに、外部のデータソース、つまり別のエクセルファイル（の
シート）も選択できます。

わかりました。

下半分では「ピボットテーブルを配置する場所を選択してください」
とあります。エクセルでは、**テーブルは一つのシートにつき一つが基
本**なので、「新規ワークシート」を選んで OK を押します。

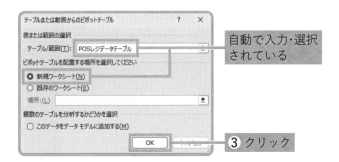

自動で入力・選択
されている

3 クリック

すると、元データと同じエクセルファイル内に新たにシートが生成
されて、画面がそこに切り替わります。

あれ？　空白ですけど……。

でも、なにやらメッセージが書いてありますよね。

「レポートを作成するには、［ピボットテーブルのフィールドリスト］
からフィールドを選択してください」だって。なんのこっちゃ……。

ここで②の材料選びと調理法選びをしないといけないんです。「レ
ポート」とはピボットテーブルのこと。データを集計した報告書み
たいな意味ですね。

「フィールドリスト」とは、**画面の右端にあるウインドウの上半分のこ**とです。CSV ファイルのフィールド名がリスト状に書かれていて、チェックマークが入れられます。

この右側のウインドウ全体のことを、「ピボットテーブルのフィールド」といいます。混乱しやすい名称なので、これ以降はフィールドウインドウと呼びましょう。ここで、ピボットテーブルのシート名を「売上分析」にしておきます。

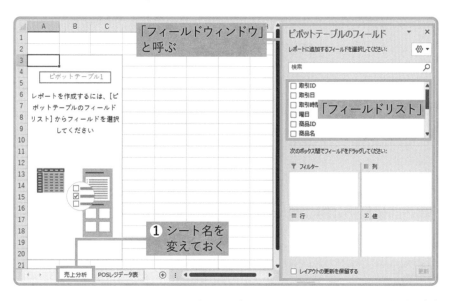

フィールドウインドウはまさに**データの調理場**で、ここでの操作がピボットテーブルの基本技術だと思ってください。

間違えてフィールドウインドウを閉じてしまった場合

「ピボットテーブル分析」タブ→「フィールドリスト」をクリックすると復活します。

とりあえず、上から2番目の「取引日」の横にあるチェックボックス
をクリックしてみましょう。

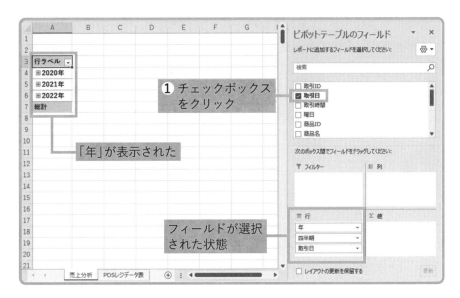

① チェックボックス
をクリック

「年」が表示された

フィールドが選択
された状態

（年にグループ化されて）日付が出てきた。
というか、「年」の項目なんてありましたっけ？

これもエクセルが自動的につけたんです。**元データのフィールドが
日付の形式で、なおかつ期間が2年以上ある場合、自動的に年や四半
期別の集計も行って（グループ化して）くれます。**
実際にフィールドリストを見ると、「年」や「四半期」というフィー
ルド名が追加され、選択された状態になってますね。その下の「行」
にも、「年」「四半期」と「取引日」の3項目が入っています。

かしこいなぁ。

日付データがあるのに「月」が表示されない場合

ピボットテーブルの行に「日付（もしくは「売上日」、「取引日」など）」をドラッグしても、「月」が自動的に追加（グループ化）されないことがあります。そのときは以下の手順を行ってください。

①ピボットテーブルの行ラベルのデータ範囲で右クリック
②グループ化を選択
③「日」「月」「四半期」「年」をクリック（複数選択）しOK

 もしここで、「年」「四半期」「月」で自動的にグループ化されない場合、手動でグループ化しておきましょう。いまは元データから「取引日」のデータを引っ張ってきて、「売上分析」シートのA列に表示されている状態です。もう一度同じところをクリックすると消えます。「元データのなかから使う材料を選ぶ」って、こういうことです。「年」と「四半期」と「月」は自動でチェックが入っているので、こちらのチェックも外します。

今度は試しに、「売上金額」をチェックしてみましょう。フィールドリストは「売上金額」だけにチェックが入った状態です。

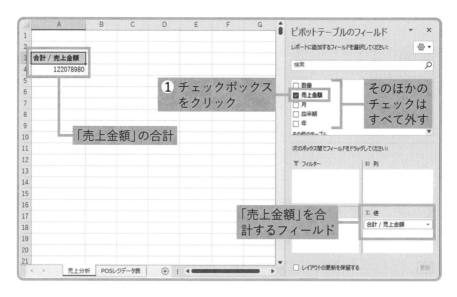

72

今度は数字が一つだけ？　全取引の売上金額がザーッと出るのかと思った。

 この数字は、データ上にあるすべての取引の売上金額をエクセルが自動的に合算したものです。

 へぇ……。って、これって僕のお店における、これまでの総売上ってことですか!?　こんなにパン売ってきたのかぁ（感動）

 すごいですね。私もけっこう貢献してるはずですよ（笑）。
で、フィールドウインドウの下の方を見ると「Σ（シグマ）値」というところに、「合計／売上金額」と記載されていますね。

 「合計／売上金額」なんてフィールドありましたっけ？

 これは**エクセルが勝手につくったフィールド**で、「売上金額フィールドの合計」という意味。名前はあとで自由に変えられます。「／」とありますけど、別に割り算をしているわけではありません。

 勝手にやってくれるんだ。

そうなんです。これは便利なこともあれば、余計なお世話とは言わないまでも、あまり使えないこともあります。ピボットテーブルを使いこなすには、その辺も徐々に理解していきましょう。

了解です。

で、いまのはデータ選択の話ですけど、それだけだとあまり意味のある情報になりません。そこでようやく本題です。
任意のフィールドをピボットテーブルの縦軸（列）と横軸（行）に配置していくわけですが、どんなフィールドを選ぶか決めなければいけません。
ここで目的に立ち返ります。いまやりたいことってなんでしたっけ？

売上アップ！

そうですね。そこは最終的な目的ですけど、その前に、まずは売上の現状把握をしませんか？　つまり売上の推移を正確な数字で把握するわけです。

たしかにそうだ……。

方法は簡単です。「売上金額」はチェックしたままで OK で、先ほど選んだ「取引日」を、今度は下の「行」のところまでドラッグしてほしいんです。

フィールドリストの文字のところをつかめばいいんですか？

そうです。で、「行」までもっていったらドラッグを離して（解除して）ください。

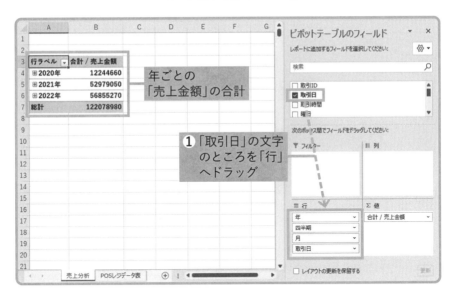

年ごとの
「売上金額」の合計

①「取引日」の文字
のところを「行」
ヘドラッグ

すげぇ！

テーブルの左端の列を行ラベルと言いますが、行ラベルに年が表示されて、その右に各年の売上合計が集計された状態になりました。たったこれだけの操作で「日別」の売上集計ができ、年、四半期、月ごとの集計も追加されます。

もちろん、お使いの POS レジでも売上はアプリなどで確認できるはずですが、自分で仮説を立てて分析したりはできませんからね。

あと、「行ラベル」、「列ラベル」と書かれているところはエクセルがつけた見出し名なので、ダブルクリックで変更できます。

本当に一瞬でした。

ちなみに、「年」と「四半期」と「月」の左にある「＋」をクリックすると……。

	行ラベル	合計 / 売上金額
3	行ラベル	合計 / 売上金額
4	⊞2020年	12244660
5	⊞2021年	52979050
6	⊟2022年	56855270
7	⊞第1四半期	14344110
8	⊞第2四半期	16070410
9	⊟第3四半期	14466500
10	⊟7月	4780000
11	7月1日	195000
12	7月2日	126000
13	7月3日	194000

①「+」マークをクリック

②「+」マークをクリック

③「+」マークをクリック

このように「日別」の売上集計が確認できるようになります。「月」などにグループ化せず、日ごとに表示したい場合は「年」「四半期」「月」のチェックを外すか、グループ解除をします。

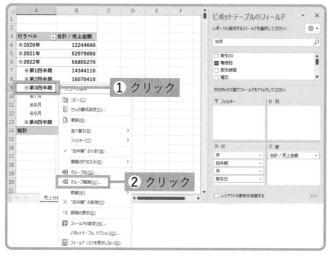

日ごとの集計になる

すごすぎる！

とりあえずは月ごとの売上推移が確認できればいいので、「四半期」と「取引日」のフィールドはいったん消して、「年」と「月」だけの状態にしましょう。

フィールドを消す方法

フィールドリストのチェックマークをクリックして外すか、「行」もしくは「列」に入っているフィールド名を、上のフィールドリストにドラッグするだけ。「月」と「売上金額」だけが表示されるシンプルなテーブルになります。

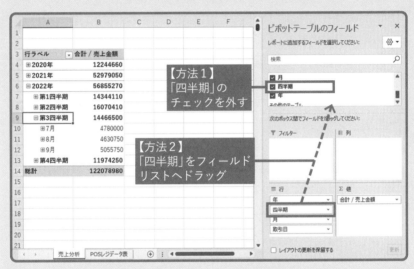

グラフ化も思いのまま

思っていた以上に簡単ですね。

そうなんですよ。とはいえ、このままではただの数字の羅列。そこで、この集計結果をより視覚的に、直感的に把握しやすくするために、「グラフ化」したいんです。

ありがたい！

いまつくったピボットテーブルの範囲内のセルをどこかクリックして、「ピボットテーブル分析」タブ右端の「ピボットグラフ」を押してください。「グラフの挿入」ウインドウでそのまま「OK」をクリックすると、テーブルの横にグラフが自動生成されます。
「ピボットテーブル」をいじれば「グラフ」が変わります。

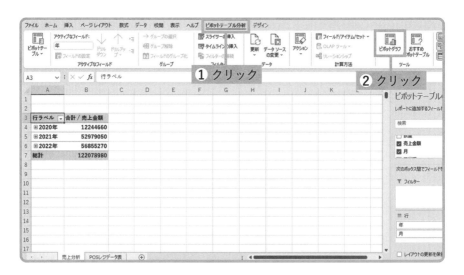

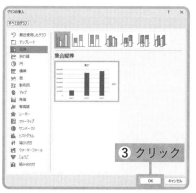

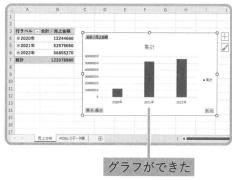

グラフができた

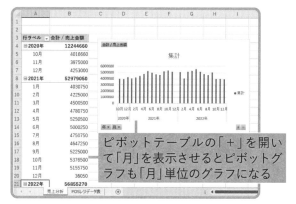

ピボットテーブルの「＋」を開いて「月」を表示させるとピボットグラフも「月」単位のグラフになる

 まさに一瞬！　そしてお店の成長の軌跡がここに……。

 そうなんです。ざっと見たところ、順調に売上が推移してきているものの、最近少し失速していることがわかりますね。

ピボットテーブルとグラフはセット

ピボットテーブルをつくったら、とりあえずグラフもつくるようにしましょう。材料や調理方法をいろいろ試してみると、「情報を抽出しやすいグラフ」のコツがつかめます。

ちなみに、お店の売れ筋商品ベスト3ってわかります？

当たり前ですよ。食パン、野菜ゴロゴロカレーパン、クロワッサンの順です。なにせ多めにつくっていますからね。

なるほど。では、その売れ筋商品がお店の売上の何割を占めているとか、売れ筋商品とそれ以外の商品で売上にどれくらいの差があるとか、把握されてますか？

え、まぁ……感覚的には……。

では、その感覚が正確かどうか確認するために、さきほどの方法で実際にデータ集計、グラフ化をしましょう。
とりあえず総売上で比較しますね。再度、元データに戻って、新たにピボットテーブルをつくってみてください。シート名は、「売れ筋商品」としておきましょう。エクセルでは自動でシート名がつけられるので、シートを追加したら名前を変えておくクセをつけるといいですよ。

了解です。えーっと……まず元データのテーブルのどこかをクリックして、「挿入」→「ピボットテーブル」でしたね。
で、集計したいのは各商品の売上だから、「Σ値」には「売上金額」。そして「行」には……「商品名」をドラッグすればいいのかな……。

 できた！

 すごいじゃないですか！　ではこれをグラフ化してください。

 「ピボットテーブル分析」から「ピボットグラフ」を選ぶんでしたね。
……できました！

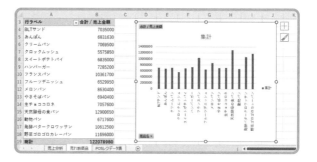

 さて、いまは左から商品名が昇順で並んでいる棒グラフを円グラフにしてみましょう。**全体を100％としたときの各要素の「割合」を確認したいときは、円グラフが便利**なんですよ。

やり方はやっぱり簡単です。棒グラフ自体をクリックして選択した状態にします。そして「デザイン」タブを選び、「グラフの種類の変更」をクリックします。表示される選択肢からお好きな円グラフをクリックしてください。

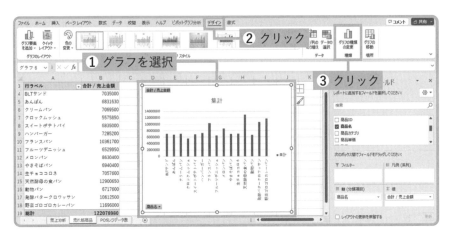

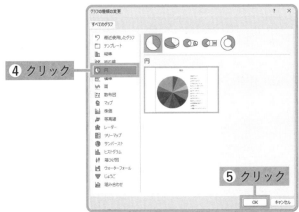

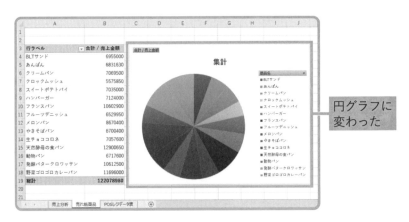

円グラフに
変わった

超簡単。しかも色づけされていて見やすい。

 そうなんです。ちなみにこの円グラフの見栄えをもっとおしゃれにしたいなら、円グラフを選択した状態にして、デザインのテンプレートのなかから選ぶことができます。

ただ、いまの状態って情報としては少し見づらいですね。

 たしかに。1位はどれで2位はどれって、いちいち探さなきゃいけない。

 ですよね。なぜこの並びになっているのかというと、ピボットテーブルの「行」が、商品名の**昇順**で並んでいるから。これを、売上の多い順に並び変えてしまえばいいんです。

いまやりたいのは売上金額の並べ替えですから、売上金額が書いてあるセルのどれかを選択。「データ」タブに「Z → A」という**降順**のソートを意味するアイコンがあるので、それをクリックします。

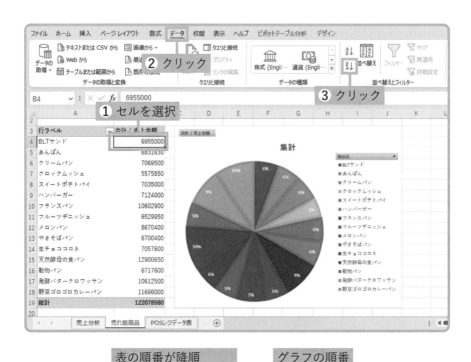

表の順番が降順
(大きい順)に変わった

グラフの順番
が変わった

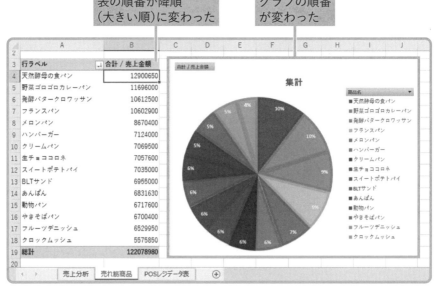

 へぇ。食パンって僕が思っていたほどの割合じゃなかったんですね。
これはわかりやすい！

昇順と降順の覚え方

「昇順」とは、値の小さいものから大きいものへ順番に並べること。「降順」は、逆に値の大きいものから小さいものへ順番に並べること。階段をのぼる（昇る）ときは1段目、2段目、3段目と進んでいき、階段をくだる（降る）ときは3段目、2段目、1段目と進んでいくとイメージすると覚えやすい。

「年・月・日」―期間の区切りも自由自在

でも安堂さん、そんなことより直近のお店の売上が……。

そうですね。では月ごとの売上を集計しつつ、ピボットグラフで表示する期間をコンビニがオープンする前の3カ月と、オープン後の3カ月の計6カ月間に絞ってみましょう。
では、先ほどつくった月ごとの売上集計がされている「売上分析」シートのピボットテーブルを開いてもらえますか。

えっと……はい、開きました。

ここから期間を絞るのも簡単で、ピボットテーブルには**タイムライン**と呼ばれる日付専用の便利なフィルター機能があります。これを使わなくてもフィルターはかけられますが、タイムラインは期間を視覚的に操作しやすいのでオススメです。
ピボットテーブルの表内をクリックして、「ピボットテーブル分析」タブの「タイムラインの挿入」を選択。表示されるウインドウで「取引日」にチェックマークを入れて、OKボタンをクリックしてください。

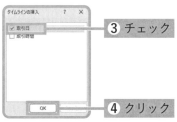

すると、期間だけが書かれたボックスがピボットテーブルの横につくられます。

なんだこれ……。

ここで表示する期間を指定できるんです。いまは全期間が指定されている状態です。

自動的につくられるボックスでは、元データの大きさによってすべての期間が表示されない場合があります。その場合はボックスの一番下にある灰色のスライダーを左右にドラッグして表示範囲を動かすか、ボックスの枠の右下をつかんで、ボックス自体を右に広げます。ボックスの位置の移動もできます。

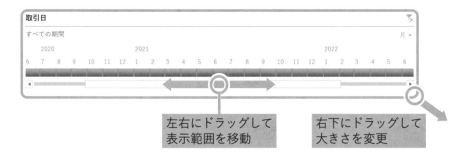

左右にドラッグして
表示範囲を移動

右下にドラッグして
大きさを変更

表示する期間を変えるには、月のバーをクリックします。仮に7月だけのデータが確認したければ、7月のあたりのバーをクリックするだけ。それだけでピボットテーブルとピボットグラフが表示する期間が変わります。

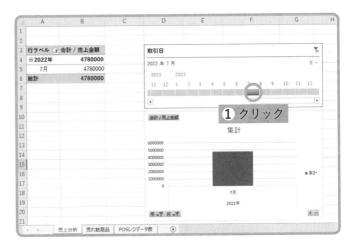

 コンビニがオープンしたのがたしか10月1日だったから、7月から12月までを指定すればいいんですね。

 はい。それなら7月をクリックして、水色のバーを12月のところまでドラッグすればOKです。

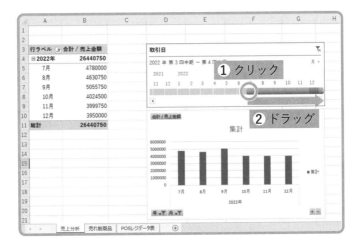

ああ、やっぱり10月から落ちてる。2割くらいですかね……。

 でも、これではじめて正確な現状把握ができたんですよ。売上が2割落ちているという事実がわかり、さらにコンビニが原因だという仮説の精度も高まりました。そしてなにより、データが発奮材料になりませんか？

 めちゃくちゃなりますね。というか、不安になってる暇があるなら、もっと早く確認しておけばよかった……。

 まだまだ挽回できるから大丈夫です。

 ちなみにこのタイムラインって、去年1年分だけ見たいと思ったら、1月から12月までを選べばいいんですか？

 それでもいいですけど、もっと簡単な方法があります。それがボックスの右上にある「月▼」と書いてあるところ。ここをクリックするとタイムラインのバーの単位を「年」「四半期」「月」「日」のどれかに変えられます。いまは「月」単位ですけど、年単位で範囲を指定したいなら「年」を選べばいいんです。

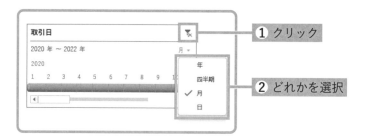

 あ〜、そういうことですか。逆に細かく範囲を指定したいなら「日」を選べばいいんですね。

そうです。

 あ、でも日単位でデータを見るには、ピボットテーブルの「行」に「取引日」も追加しないといけないのかな？

 いや、行は「月」だけでも、元データに日単位のデータがあるので、範囲指定はちゃんとできます。

「クロス集計」で売上減少の原因を探る

 さて、売上が2割落ちていることはわかったんですが、具体的な対策を考えるにはまだ粒度が粗すぎるように思います。熊野さんなりに仮説は立てられますか？

 そういえば、惣菜パンが不調なんです。

 では、その裏づけをとってみましょうか。せっかく「商品カテゴリ」というフィールドがあるので、それを使いましょう。
「商品カテゴリ」を「行」にドラッグしてもらえますか？

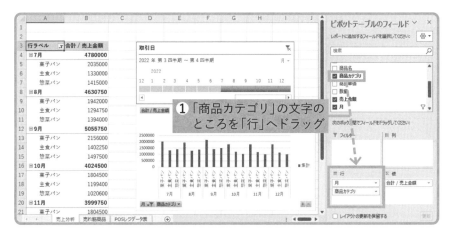

89

「月」の下に「商品カテゴリ」が表示される**階層構造**になりました。要は、いまのピボットテーブルではまず月ごとの売上が確認できて、各月の商品カテゴリごとの内訳が確認したければ、それも確認できる、というわけです。

へえ。

いろいろいじってみると階層構造の理解が進むはずなので、今度は「商品カテゴリ」を「月」の上にドラッグしてみてくれませんか？「商品カテゴリ」を階層の最上位にするんです。

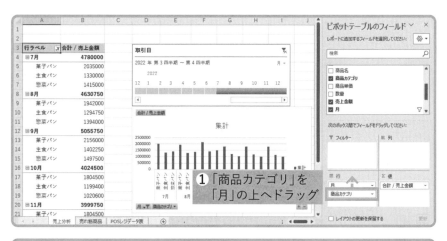

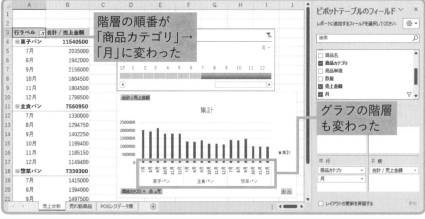

ああ……各商品カテゴリの売上がまず確認できて、それらがいつ売れたのかを確認したければその内訳が確認できるわけか。

 そういうことです。でもいまのピボットテーブルって、いちいち開かなきゃいけないし、内訳を開くとめちゃくちゃ縦長になるのがちょっと見づらいですよね？
そこでピボットテーブルを改良します。「行」に置いた「商品カテゴリ」を「列」の方にドラッグしてください。

 ここで「列」の登場ですか。

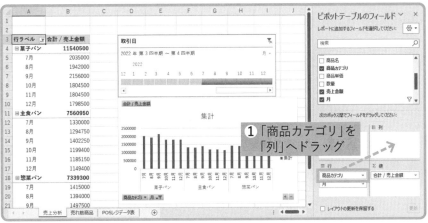

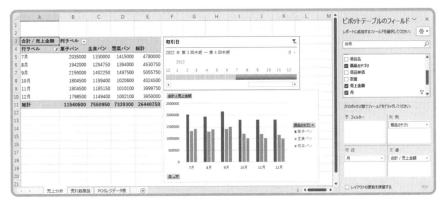

おっ、すっきりした！

こっちの方がまだ見やすいですよね。

このピボットグラフ、データを横に見ていくと、一番右に「総計」というフィールドが自動的につくられて各月の売上が集計されています。縦に見ていくと、一番下に商品カテゴリごとの売上が集計されています。

そしてテーブルの一番右下には、全期間の売上金額が表示されていますね。その値はすべての月の売上を合算したものでもあるし、すべての商品カテゴリの売上を合算したものでもあるんです。これを**クロス集計**と言います。

ちゃんと整合性がとれていて、なんか不思議。

クロス集計

交差する横と縦で同時に集計する集計方法。前出の「月」と「売上金額」だけのような集計の仕方を「単純集計」と言います。

参照したいデータはある程度絞り込んでいたとしても、このように**「調理」の仕方を少し変えるだけで、情報の見え方がガラッと変わる**ことがわかってもらえましたかね。

それで、いま気になるのは惣菜パンの売上の推移ですけど、ピボットグラフの方で確認してもらえますか？

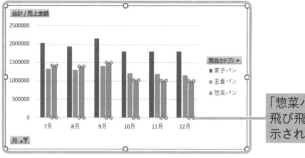

「惣菜パン」が飛び飛びに表示されている

ちょっと見づらい……。

 そうですね。なぜ見づらいかというと惣菜パンのグラフが飛び飛び
に表示されているからです。行の月ごとの売上推移は把握しやすい
けど、列の商品カテゴリごとの推移が見づらい。だったら、**行と列
を入れ替え**ちゃいましょう！

 そんな軽いノリでいいんですか（笑）？

 全然 OK です。やり方は、それぞれのフィールド名を反対側にドラ
ッグするだけ。

すると商品カテゴリごとの売上推移がわかりやすいグラフに激変し
ます。どうでしょう。ここからなにか意味を読み取れますか？

 全体的に売上は低下傾向ですけど、やはり惣菜パンの落ち込みが顕著ですね。えっと……3割くらい落ちてます！　ひえぇぇ！

総量と内訳を確認したいとき

ピボットグラフを挿入すると自動的にグラフを作成してくれますが、そのグラフが必ずしも視覚的にわかりやすいとは限りません。たとえば、前月と今月でどのパンがどれくらいの数量売れて、月全体の販売数量がどう変わったかを把握するために、行に「月」、列に「商品名」、値に「数量」を設定した以下のようなクロス集計をしたとします。

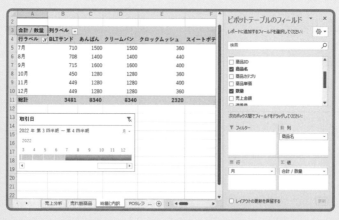

これをピボットグラフにすると次のグラフが表示されます。

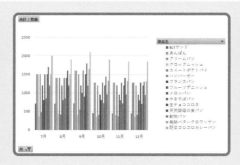

しかしこれでは視覚的に情報をつかむことができません。そんなときは
グラフの種類を変えましょう。総量を比較しつつ、その内訳も見たいケー
スでは「積み上げ縦棒」がオススメです。デザインを変更するには、①
ピボットグラフ自体を選択、②「デザイン」タブを選択、③「グラフの
種類の変更」、④「縦棒」を選択、最後に⑤「積み上げ縦棒」を選択して、
⑥「OK」をクリックします。

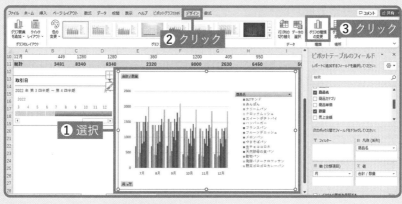

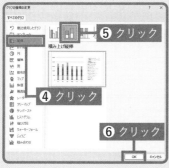

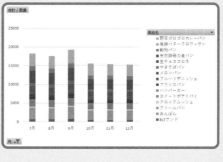

「フィルター」を使いこなして情報を絞り込む

 惣菜パンの売上が3割くらい落ちていることがわかりました。さて、次はどうしたらいいと思いますか？

 えっと、なにか施策を考える……のはまだ早い、ですよね？

 まだ情報が集められそうなので、もう少し現状把握をがんばりましょう。

 あ、どの惣菜パンの売上が落ちているかを確認する！

 そうですね。先ほどは「商品カテゴリ」で集計しましたけど、惣菜パンに課題が潜んでいそうだとわかったので、今度は「商品名」で集計しましょう。いまのピボットテーブルをどういじればいいか、想像はつきますか？

 フィールドリストから「商品名」を「行」にドラッグしてくる？　「商品カテゴリ」の下に「商品名」がくる階層構造にすればいいのかな……。

 なるほど。たしかに実際に階層構造ですからね。でもいまは純粋に商品ごとの月別売上の推移が確認したいので、「商品カテゴリ」は「行」から外しましょう。

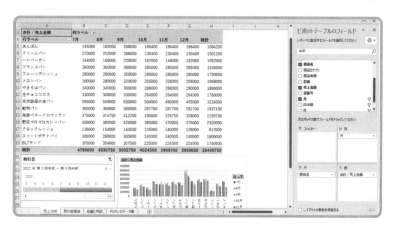

 でもこれ、商品が多すぎて見づらくないですか？

 そうですね。なので**フィルター機能**を使って、総菜パンにカテゴライズされる商品だけ集計される形に変えましょう。

フィルターのかけ方はいくつかあるんですけど、一番シンプルな方法から教えますね。ピボットテーブルの行ラベルと書かれているところに「▼」マークがありますね。それをクリックしてください。

こんなウインドウが出てきます。

いま行には「商品名」が入っているので、「商品名」の値の全種類が表示されます。ここでフィルターをかけられるんですね。チェックマークが入ったものを表示するルールなので、ためしに表示したくない商品名のチェックマークを2、3個外してもらえますか？

大変、せっかくのデータが消えていく！

 大丈夫です（笑）。表示の仕方を変えただけで、元データはなにも変わっていません。そもそも**ピボットテーブルは元データを読み込むのが専門で、元データを書き換えることはしない**んです。

 そうだった。よかった……。

 ここで先ほどの「▼」マークを見ると、形が変わっているのがわかりますか？

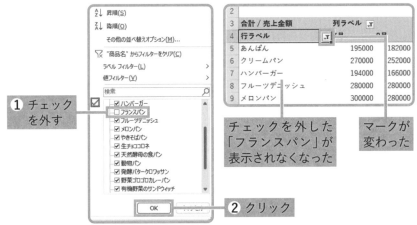

① チェックを外す

② クリック

チェックを外した「フランスパン」が表示されなくなった

マークが変わった

 ヘラのマークですか？

 惜しい！　これは調理器具のファンネル（漏斗）のシンボルです。**情報を絞り込んで表示していますよ、という意味**です。

 ヘラと言った3秒前の自分を埋めたい（笑）。

 逆にフィルターを外したいときはファンネルマークをクリックして、ウインドウ上部の「"×××"からフィルターをクリア」を押して

ください。すべての商品がまた表示されて、マークも「▼」に戻ります。さて、こうやって一個ずつ商品名を選んでフィルターをかけることもできるんですけど、今回は種類が多いから少し大変ですよね。

フィルタが戻った

マークが戻った

たしかに。商品カテゴリがあるならそれでフィルターをかけたいです。

エクセルには、熊野さんがやりたいと思うような機能はだいたい備わってます（笑）。**画面右側のフィールドウインドウ**に「フィルター」というボックスがありますね。まだ使っていないヤツです。ここに「商品カテゴリ」をドラッグしましょう。

するとピボットテーブルの上に「商品カテゴリ（すべて）▼」という表示が追加されるので、「▼」マークをクリック。

今度は商品カテゴリしか表示されていないので、選ぶ作業は簡単ですね。惣菜パンだけが選択された状態にしてください。

より直感的にフィルターをかけられる「スライサー」

 ちなみにピボットテーブルにはさらに直感的にフィルターをかけられる**スライサー**と呼ばれる機能もあります。実質的にやることはフィルターと同じですが、**スライサーはフィルターをかける自分専用のボタンをつくる機能**みたいなイメージです。

 ほう……。

 実際にやってみればわかります。ピボットテーブルのデータ範囲のどこかをクリックして、「ピボットテーブル分析」タブを選択。「スライサーの挿入」を選びます。

フィールド名を選ぶウインドウが出てくるので「商品カテゴリ」をチェックしましょう。

すると、商品カテゴリが書かれたボックスがピボットテーブルの横に生成されます。これがスライサー。自分専用のフィルター切り替えボタンです。

じゃあ、これは押せるんですか？

押せます。先ほどのチェックマークと同じで、背景色がついていれば表示されて、ついていなければ表示されません。

複数選択も可能で、たとえば「菓子パン」と「主食パン」のみ表示させたいときは、スライサーのボックスの上部にあるチェック

リストみたいなアイコンを押してから、表示させたい商品カテゴリをクリックしてください。

フィルターを外すには、スライサー上部のファンネルにある「×」マークを押すだけ。スライサー自体を消したいときは、スライサーを右クリックして「切り取り」を選んでください。

わかりました。ちなみにスライサーってどういうときに使うんですか？

まさにデータとにらめっこするときですね。スライサーって複数作成できるので、たとえば複数の店舗を経営されている方なら「店舗名」と「商品カテゴリ」でスライサーをつくって、カチャカチャ切り替えながら数字を確認していく、みたいなことができるんです。**何度もフィルターを切り替えるならスライサーを使った方が早いです**。

なるほど。

で、肝心のデータ分析ですね。それぞれの惣菜パンの売上推移を確認してみましょう。いかがですか？　なにか気づきはありますか？

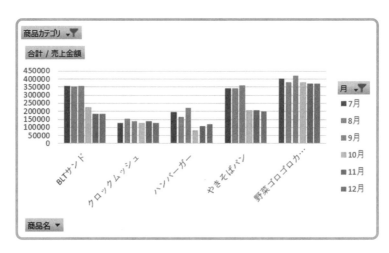

看板商品のカレーパンは安定していますね。ただ、ほかがヤバい。ハンバーガーとやきそばパンは3割減。BLTサンドにいたっては5割くらい減っていますね。うーん……。

客単価と客数は増えてる？ 減ってる？

なんとなく課題は見えてきましたが、もう少し現状把握をしましょうか。商品から離れて、今度は「お客さんはどうなっているのか」を確認しておきたいです。

客数ですか。

それと客単価ですね。**客数と客単価を掛けたものが売上**ですから。実感としてはどうですか？

客単価はあまり変わっていない印象ですけど、客数は減っていると感じます。

わかりました。ではそれを一つの仮説として、客単価と客数をデータで検証しましょう。
POSレジの元データの取引数を客数と解釈することはできますが、客単価は元データにはないみたいですね。

あ、ないのか。

客単価＝売上÷客数なので、いったん売上と客数を集計してからじゃないと算出できないんです。そのあたりの計算を自分でするために、新規にすっぴんの表をつくります。

どんな表をつくればいいのか、先にイメージを固めておきましょう。月ごとの推移が見たいわけですから、行にくるのは月ですね。コンビニオープン前後の6カ月間にしましょうか。

列はいま知りたいのは「客数」と「客単価」ですが、「客単価」を計算するには各月の「売上」も必要です。なのでこんな感じですかね。まだ中身はないですけど、テーブル化しておきます。

ちなみに、テーブルもデザイン（色など）を変えることができます。テーブルの数が増えてきたときは、デザインを変えてひと目で分かるようにするといいでしょう。

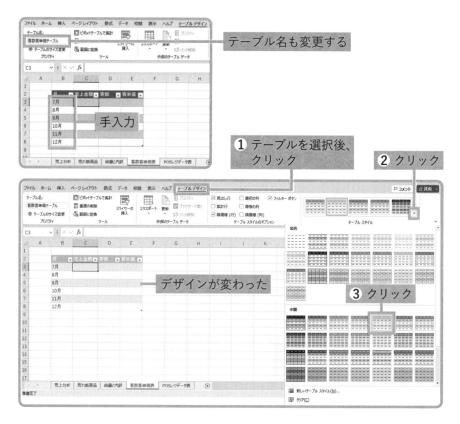

このテーブルが完成したら、客単価と客数の推移が確認できそうですよね？

こうやって、設計図みたいなものをつくってしまうんですね。

慣れないうちはこうした方がいいと思います。「これで値が埋まれば知りたい情報は抽出できそうか」とか、「データは取得できるか」を確認しながら。

さて、このテーブルを埋めていきますけど、行の「月」はそのまま手入力で書けますね。次が問題。月別の「売上金額」と「客数」を入れたいんです。「売上金額」ってさきほどピボットテーブルで集計しましたよね。

あ、それを見て、手入力する？

まぁ、最悪それでもいいですけど、入力ミスや手間を考えるともっとスマートな方法がいいと思うんですね。じゃあどうするかというと、**ピボットテーブルには特定の範囲のデータを読み込む機能がある**ので、それを使います。

読み込む？　テーブルにピボットテーブルのデータを読み込めるんですか？

「GETPIVOTDATA」という**関数**を使えばできます。とりあえず、ピボットテーブルの方で読み込むデータの準備をしておきましょう。「売上金額」のデータは先ほどの通りですね。行に「月」、値に「合計／売上金額」がくる状態にして、6カ月間でフィルターをかけるだけです。もう一度やってみましょうか。

えっと……できました。なんだか上達してます（笑）。

関数

エクセルにあらかじめ用意された数式のこと。複数のセルの合計値を計算したり、条件に合う項目を取り出したり、手間のかかる計算や処理を簡単に行ってくれます。

 素晴らしい。さて、「客数」に関しては取引数を使います。取引数は元データにおける取引 ID の数のことですね。お客さんが一回お会計をするたびに行が増えていくわけですから。
その取引数をカウントするために、ここでは「取引 ID」というフィールドを使ってみましょう。取引 ID は POS レジが自動的につけてくれる固有の値で、月ごとに ID が何個あるのか集計すればいいんです。

 ふむふむ。

 では元データに戻って、新しいシートにピボットテーブルをつくります。

「取引ID」を客数としてカウントするための準備

「POS レジデータ表」は、取引の商品毎に1行となっているため、シートをコピーして「POS レジデータ表(客数カウント用)」シートを作成し、取引IDが重複している行を削除して、客数として扱えるようにしましょう。「POS レジデータ表(客数カウント用)」シートで、以下の操作を実施します。

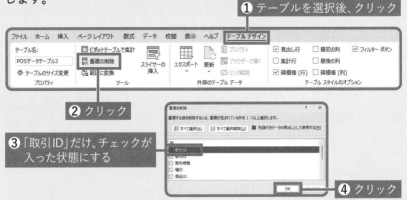

① テーブルを選択後、クリック

② クリック

③「取引ID」だけ、チェックが入った状態にする

④ クリック

次に「POS レジデータ表(客数カウント用)」シートを元に、ピボットテーブルを作成します。シート名は「客数分析」。このピボットテーブルでは行に「月」、値に「取引ID」をドラッグ。期間を6カ月間に絞ります。

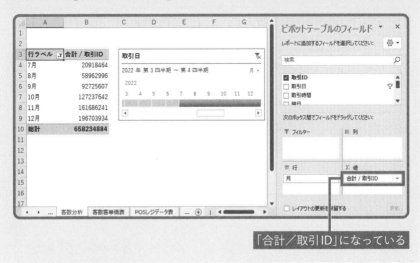

「合計／取引ID」になっている

で、ここがポイントですけど、もし値が「合計／取引ID」になっていたら、それを「数量／取引ID」に変えたいんです。なぜなら、いま知りたいのは「取引IDが月ごとに何個あるか」であって、固有番号を合算した値にはなんの意味もないからです。

それを変えるには、フィールドウインドウで「合計／取引ID」と書いてあるところをクリックして、「値フィールドの設定（バージョンによっては『フィールドの設定』）」を選んでください。「集計方法」タブで集計方法がいろいろ選べるので、「個数」を選択。

集計結果が、「取引ID」の合計から、個数の集計に変わった

「名前の指定」に入力した値に変わった

あ、平均とか積とかいろいろあるんですね。

 慣れてくればいろんな集計を活用できますよ。たとえば、すべての
パンの個数の**平均値**や**中央値**も簡単に調べられます。

平均値

「すべての値を足して、それを値の個数で割った値」のこと。平均値は
全体のおよその値を示します。たとえば、あるグループの平均年収を求
めたい場合、5人の年収がそれぞれ、300万円、350万円、400万円、
450万円、1200万円だったとき、平均値は540万円。平均値では全体
の概要を把握できますが、極端に大きい（小さい）値がある場合、平均
値もその値に引きずられてしまうという特徴があります。

中央値

「数値を小さい方から順に並べたときに、真ん中に位置する値」のこと。
上の例の場合、400万円です。中央値の場合、極端な値があっても平均
値のように大きな影響を受けません。

さて、これでピボットテーブル側の準備は整いました。あとはこれ
らを「客数客単価テーブル」に読み込まければいけません。
「売上金額」からいきましょう。読み込んだ値を入れたい場所を指定
したいので、テーブルの「売上金額」の一番上の空白セルを選んでく
ださい。

 ここに、例の「ゲットなんとか」っていうのをまた書くわけですね。

 書かなくていいんです。実際に手で入力するのは半角の「＝（イコー
ル）」だけ。そして読み込みたいピボットテーブルに移動して、同じ
く売上金額の一番上のセルをクリックして、「Enter」キーを押します。

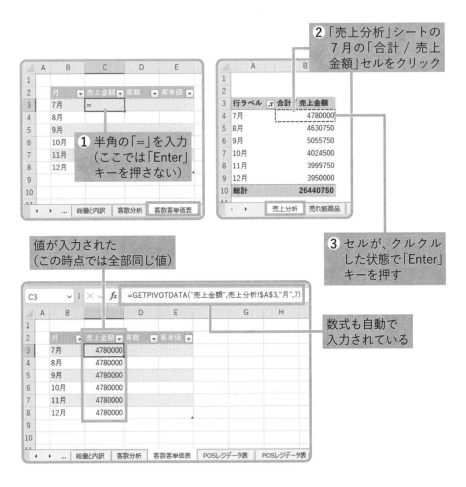

② 「売上分析」シートの7月の「合計 / 売上金額」セルをクリック

① 半角の「=」を入力（ここでは「Enter」キーを押さない）

③ セルが、クルクルした状態で「Enter」キーを押す

値が入力された（この時点では全部同じ値）

数式も自動で入力されている

するとテーブルの「売上金額」のフィールドに値が一斉に入ります。

全部同じ値ですけど……。

そうですね。これを直しましょう。テーブルの売上金額のセルを、どれでもいいのでクリックしてみてください。こんな式が書かれていますね？

=GETPIVOTDATA("売上金額",売上分析!$A$3,"月",7)

勝手に書いてある。

 「=」を入力してピボットテーブルのセルをクリックしたことで、エクセルが自動的に書いてくれたんです。それがほかの上下のセルにも自動的に書かれた、ということです。ではなぜほかの日も「4780000」になっているかというと、式の一番右端に「7」と書いてあるから。

 本当だ。決め打ちになってる。

 そうなんです。なのでここを「その行の月」を意味する [@ 月] に書き換えてください。これで正しいデータが読み込まれるはずです。

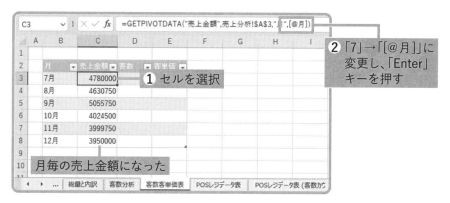

数式を書き換える方法

一つは数式バーを直接修正する方法で、もう一つは数式バーの左にある「fx」というボタン（「関数の挿入」ボタン）を使う方法です。慣れていない方には、後者の方法をオススメします。

数式バーを直接修正する場合、気づかずに必要な記号まで削除してしまい、数式がエラーになってしまう可能性があるからです。

「fx」ボタンならそのような心配はなくなり、引数の内容だけに気をつければ OK です。

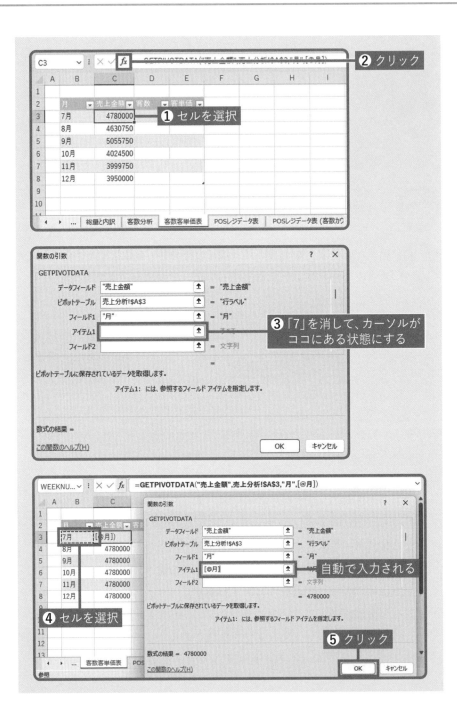

もし GETPIVOTDATA 関数が自動で入力されない場合は、以下の手順を実行してください。

できた。

最後の書き換えがちょっと面倒ですけど、この数式を手入力することを考えれば、十分楽かと思います。

激しく同意します（笑）。

「売上金額」のデータが埋められたので、同じことを「客数」でもやってみてください。

「＝」を入力して客数を集計したピボットテーブルに移動してクリックしてエンター。そしてテーブルに戻って式の一部を ［＠ 月］ に書き換え……。できました！

 いいですね！　これでテーブルもだいぶ埋まりました。次に「客単価」を計算する式を書きましょう。どの月でもいいので、「客単価」の空白セルを一つ選んで、こう書きます。

=[@売上金額]/[@客数]

エンターキーで確定させると、ほかの月の客単価も計算されます。

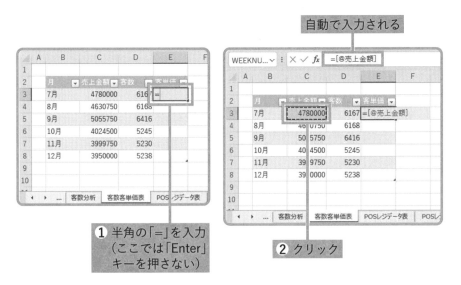

自動で入力される

① 半角の「=」を入力
（ここでは「Enter」キーを押さない）

② クリック

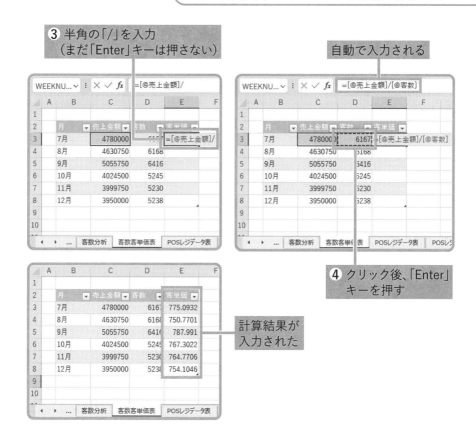

この状態でも情報を抽出できなくはないですが、やはり見づらいのでこれもグラフ化します。今回はピボットテーブルではなくてただのテーブルですけど、**エクセルは優秀なのでグラフ化も超簡単**にできます。

テーブルのどこかのセルを選んだ状態で、「挿入」タブを押してください。「グラフ」に小さいアイコンがいっぱい並んでいるので、そこから「複合グラフ」を選び、さらに「集合縦棒　第2軸の折れ線」を選んでください。

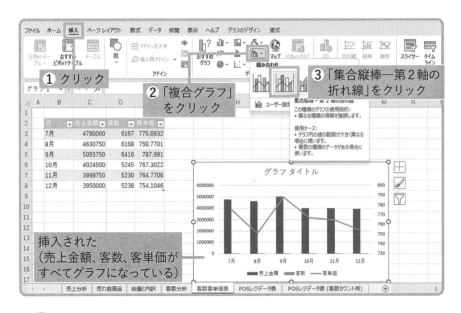

 これは……どう見ればいいんだ？

 わかりづらいですよね。その原因は、このグラフは二つのフィールドを同時にグラフ化したいのに、テーブルのフィールドが三つあるからなんです。

でも売上金額のデータは客単価の計算に使っただけなので、グラフ化する必要はありません。なので、この「売上金額」のグラフを消しましょう。グラフ内の縦棒を直接クリックして、右クリック→削除で消すことができます。すると「客数」を示すグラフが見えやすくなります。

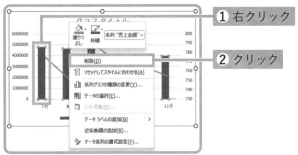

116

わかりやすくするために、グラフタイトルを変更しましょう。

また、右の目盛が自動で「730 〜 800」になってるので折れ線グラフ（客単価）の変化が大きく見えますが、このケースでは数十円の差は問題ではないと考えて、目盛を「0 〜」に変更します。

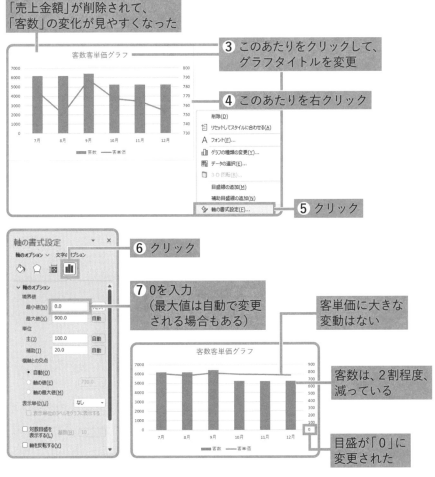

「売上金額」が削除されて、「客数」の変化が見やすくなった

3 このあたりをクリックして、グラフタイトルを変更

4 このあたりを右クリック

5 クリック

6 クリック

7 0を入力（最大値は自動で変更される場合もある）

客単価に大きな変動はない

客数は、2割程度、減っている

目盛が「0」に変更された

さて、どうでしょう？

ああ、予想通り客単価に大きな変動はないですけど、客数が減ってますね。2割減か。ふぅ、現実は重い……。

いまのところデータの裏づけがとれた情報としては、「売上も客数も２割減」。そして「カレーパン以外の惣菜パンの売上が低下している」ですね。これ、なんでだと思います？

売れなくなったのがお昼ごはんとして手軽に食べられる商品なので、そういうものを求めている客層をコンビニにもっていかれた可能性はありますね……。

なるほど。純粋なパン好きのお客さんは通い続けてくれているけど、ランチの選択肢の一つとして熊野さんのお店を選んでくれていたお客さんの足が遠のいたと。いい仮説だと思います。じゃあこれも**データで裏づけをとりましょう**。

で、できるんですか？

時間帯ごとの客数の変化を見て、もしランチタイムのお客さんが減っていたら、仮説の立証とまではいきませんが、ある程度の裏づけになりますよね。POS レジは取引時間が秒単位で記録されてますから、それを集計すれば時間帯ごとの客数は調べられるはずです。
では先ほどつくった「客数分析」のピボットテーブルをそのまま活用しましょう。このピボットテーブルの「列」に、新たに「取引時間」というフィールドをドラッグしてください。要は「月」と「取引時間」の客数についてクロス集計を行います。

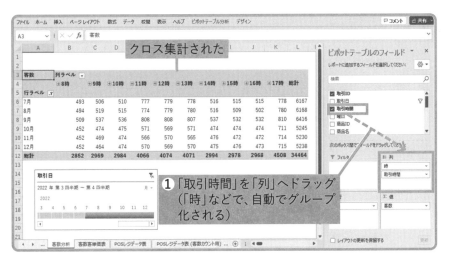

「取引時間」を「列」へドラッグ（「時」などで、自動でグループ化される）

すごい！　時間ごとに集計してくれてる！

そう。データが時刻の形式の場合、自動的に1時間単位で集計してくれるんです。

で、「取引時間」も今回は不要なのでチェックを外しておきます。するとだいぶすっきりしました。

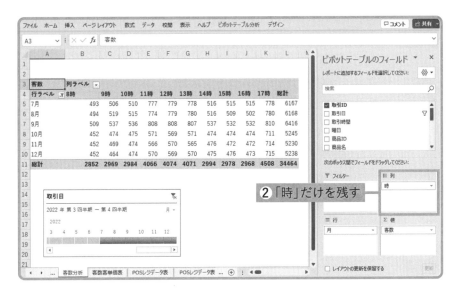

2 「時」だけを残す

ふんふん。

 ではこれをグラフ化してみてください。

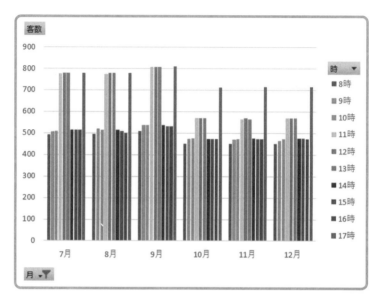

 あれ？　なんかイマイチだなぁ。ピボットテーブルだとよさげなのに。

 惣菜パンの売上推移のグラフと同じで、いま知りたい情報は「各時間帯の客数の推移」ですよね。でもグラフではそれが飛び飛びに表示されているからわかりづらいんです。こういうときは、どうするんでしたっけ？

 えっと……行と列を入れ替える！

 そうです。実際にやってみると……。

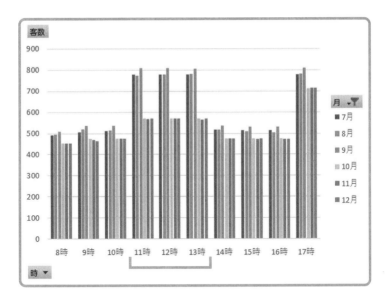

 コンビニオープン前と比べると、昼前後の11時から14時にかけての客数が減ってますね。

 そのようですね。これでだいぶ課題は絞り込まれました。

3章

データを多角的、立体的に見る方法

ランチのお客さまを取り戻せ！

ピボットテーブルの使い方を学びつつお店の現状を分析したことで、ランチ客の減少という問題が発見された。失った2割の売上を挽回するアイデアを早急に考えなければいけないが、予想以上に売上が減っていた現実を突きつけられた店主の表情は暗い……。

打開策は"現場の声"から

ふぅ。売上も客数も2割減、か……。

でも原因がだいぶ見えたじゃないですか。ランチ客の一部がコンビニに流れた結果、惣菜パンの売上が減ったということがデータ分析でわかったわけですからね。

そうなんですけど、借金返せるかなぁ……。自己破産したくないなぁ……。

しっかりしてくださいよ。現実に打ちのめされるためにデータ分析をしたわけじゃなくて、現実を知ることで具体的な打ち手を考えるためにデータ分析をしたんですよ。

ハッ！　そうだった。

とにかく、悩んだときはなぜなぜ分析です。なぜランチ客の一部がコンビニに流れたんでしょう？

うーん。やっぱりコンビニの惣菜パンの安さが魅力なんじゃないですか？　あの価格はウチみたいな小さな店では無理ですよ。

大量仕入れ、大量生産ができますからね。でも、野菜ゴロゴロカレーパンの売上が下がってないのはなぜだと思います？

 それは……カレーパンは根強いファンが多くて、コンビニのカレーパンでは代替品にならないからじゃないですか。

 でもほかの惣菜パンは替えがきくと？

 もちろんパン自体は素材にこだわっているので味は負けない自信があるけど、とくに売上が落ちている BLT サンドなんて、お客さんの目当てはほぼ「具」じゃないですか。

 なるほど……。ちなみに熊野さんはランチタイムの接客はされます？

 基本的に販売スタッフに任せることが多いですね。

 そうですか。じゃあそのランチタイムによくシフトを組まれている方といま連絡がつきますか？　いまの熊野さんの仮説について、裏づけをとりたいんですよ。

あ、スタッフのナマの声を聞くわけですね。

はい。**ヒアリング**と言って、情報の精度を高める手段の一つとして第三者の意見を聞く方法です。確認したいのは「カレーパンを買う客層」と「コンビニがオープンするまでBLTサンドなどの惣菜パンをランチタイムに買っていた客層」ですね。

そうか。じゃあちょっと連絡してみますね。

（5分後）

返事がきました！　ああ、やっぱりそうでした。「カレーパンをお買い求めになるお客さまは顔見知りの常連さんが多く、だいたいいつもカレーパンを買っていかれます。手土産用に大量購入される方もいらっしゃいます」と書いてあります。

私のことだ（笑）。ランチはどうですか？

ランチタイムに関しては「常連さんも多いですが、週に一、二度来店されるビジネスパーソンの方が増える時間帯でもあり、近くで工事があるときは現場作業員の方も増えます」とのことです。

いい情報じゃないですか。

だからやっぱり、「今日のお昼はササッとすませよう」という方が一定数いて、そこがコンビニに流れている、と考えるのが自然なんでしょうね。

そうかもしれません。じゃあ、その方々をお店に呼び戻すにはどんな対策が考えられますか？

なんだろう……。

思いつかなかったら、そのお客さんの気持ちで考えてみるといいかもしれないですよ。そのお客さんがなにを求めているのか。

会社員の気持ち……。休み時間が限られているんですよね。だから食べる時間と休む時間を確保するために、買い物をする時間は最小限にしたいんだろうな。その点、コンビニにいけばメインディッシュも飲み物もデザートも一度に買える。

そうそう、その調子です。

で……給料日前とか財布が寂しい人もいるだろうから、安くて満足度の高いものが食べたい。

いいですね。そういうお客さんの望みをかなえる対策としてはどんなことが思いつきます？

うーん……。あ！　ランチセットみたいなのはどうですかね？　たとえば好きなパン二つに飲み物もセットにして一律価格にしちゃうとか。

それいいかも！　でも、パンの選び方によってはお得さにバラつきが出るかもしれないですね。だったら、パンを二つ買ってくれたら飲み物は半額、というのはどうですか？

そうか。それならみんな好きなパンを選べますね。さすがにコンビニの価格帯に合わせることはできないけど、飲み物もセットだからウチの店だけで買い物が完結するのもいい。
味というウチの強みを生かしつつ少しでもお買い得感があれば、需

要はありそうです。

しかもいまある商品を組み合わせるだけですから、すぐに試せそうですね。

施策はすぐやるべき理由

じゃあそのランチセットのアイデア、持ち帰って早急に考えますよ。スタッフの意見を聞いてみたいし。

そうですね。プロモーションについても考えてみてください。

ああ、たしかに。店頭の看板で通りすがりの人たちに告知することはすぐできるけど……SNS みたいな情報発信系のヤツ、まったくやっていないんですよね。

目下のターゲットは近隣の方々ですから、無理にデジタルマーケティングはしなくてもいいですよ。とはいえ、普段お店の前を通らない人に知ってもらうために、たとえば朝、駅前でチラシを配るのはどうですか？。

あ、この辺で働いている人たち向けに。

はい。ランチセットはそういう人たちに戻ってきてもらうための施策ですからね。それこそオフィスビルの近くでチラシを配ってもいいですし。どこまでやるかは熊野さんに考えてもらって。

いやぁ、なんかオープン当初の感覚を思い出したというか、ちょっとワクワクしてきましたね。やったるぞー！って感じで。

ついさっきまで青い顔してたのに（笑）。

お恥ずかしい。あ、そういえば先ほど、「施策は一つずつ効果を確認しながら」と話されてましたけど、ランチセットをはじめるのと、チラシをまくことも分けた方がいいんですか？

チラシはランチセットの告知のためなので、同一の施策という扱いです。どんどんやっちゃってください。
あと、ランチセットは失った2割の売上を挽回するための施策ですが、**中長期的に売上を増やすには、新規のファンを増やすことが大切**です。

ああ、全時間帯の客層の底上げにつながるような？

はい。ランチセットと並行して、新作商品を開発するというのはどうですか？　データによる現状分析から考えると、新作商品には「コンビニでは買えない・真似できない」かつ、「既存商品とバッティングしない」という2点が必要だと思うんです。

なるほど。理にかなってますね。

たとえばですけど、ランチセットは今日から2週間後に発売開始。新作の試作品は1カ月後に完成させる、というのはどうですか？

思いのほかスピードが速い（笑）。でも……やってみます！

小さな会社の強みは小回りがきくことですから、パパっとやっちゃいましょうよ。それに人って自分には甘いので、期日を決めない限りなかなか動こうとしないんですよ。

おっしゃる通りです……。

じゃあ、今日はこれくらいにしましょうか。次に一緒にデータ分析するのは1カ月後。そのときにランチセットの効果を検証しつつ、新作パンをデータに追加していく方法を教えます。

わかりました。じゃあ、そのとき試作品の試食もしてもらって、忌憚のないご意見を聞かせてください。

もちろんそのつもりでございます（笑）。

データはいつもフレッシュな状態に

（1カ月後。閉店準備中のお店）

こんばんは〜。

ああ、どうも安堂さん！　お待ちしておりました。

試作品、無事にできたようで。「和牛サクサクコロッケパン」でしたよね。

超自信作です。

楽しみです。ランチセットも順調そうですね。店頭の看板に描いてあるさりげないイラストもいいじゃないですか。パンを食べながらスマホを見ている絵。

あ、あれはスタッフにヒアリングして出たアイデアなんです。最近は時間効率を気にする人が増えてるから、スマホを見ながら片手で食べられるのはパンの強みじゃないかって。

素晴らしい。ちなみに私はこの2週間でランチセット7回買いました（笑）。

ありがとうございます。スタッフが言っていました。「また安堂さん野菜ゴロゴロカレーパン2個でした」って（笑）。

割引率で言ったら、実はそんなにたいしたことないんですけど、セットと言われるとつい買っちゃうんですよね。2個食べたい自分への言い訳にもなるし（笑）

ありがたいことです。

じゃあ、さっそくランチセットの導入で売上がどう変わったかデータを確認してみましょう。

準備できてます！

施策の前後の状況を見たいわけですから、前回データ分析をしたときから今日までのCSVファイルをパソコンに読み込んでください。

今朝ダウンロードしました。これを前回と同じようにエクセルから読み込めばいいですね。どこに読み込むんだっけ……。

最初にCSVファイル読み込んだとき（P.48〜55）は、CSVファイルを読み込んだシートをそのままテーブル化して、「POSレジデータ表」シートにしましたね。今回は、すでにあるデータはそのまま

にして「POS レジデータ表」シートにデータを追加したいので、CSV 読み込み用のシートとして新たに空の「CSV データ」シートをつくります。そこに、今朝ダウンロードした CSV ファイルを読み込んで、「POS レジデータ表」シートに追加分のデータをコピーします。CSV ファイルはデータの期間を指定してダウンロードすることが多いので、前回と同じ期間を指定すれば、再度同じファイルがダウンロードできますよ。

なるほど。

今回は、前回の読み込み時と同様にオープン当初から最新のデータをダウンロードして、「CSV データ」シートに読み込むことにします。今後は、必要な期間のデータだけをダウンロードして、別シートに読み込んでも OK です。ピボットテーブルの元データ表（POS レジデータ表）にデータをコピーしたあとは、このシートを消してしまってもかまいません。

じゃあデータを取り込んでみますね。やり方覚えてるかな……。

CSV ファイルの読み込み方（P.48 ～ 55 のおさらい）

1. 読み込み「先」のセルをクリック
2. 「データ」タブ→「データの取得」
3. ファイルの種類を指定（「従来のウィザード」→「テキストから（レガシ）」「テキストまたは CSV から」など）
4. 読み込む CSV ファイルの選択→「インポート」
5. テキストファイルウィザードで文法を指定（区切り文字、コンマ区切り、取り込み開始行など）
6. 「データを返す先」の指定（1 ですでに指定ずみ）
7. CSV ファイルとの接続を切る
8. 不要な列を削除する

なんとかできました。

ありがとうございます。

前回はこのシートをそのまま「POS レジデータ表」のシートとして、それをテーブル化して元データとしました。でも、今回は同じようにすると「POS レジデータ表」、つまり元データが二つになってしまいます。

そこで、少し面倒ですけど読み込んだデータのなかで、新たに追加されたデータを全部選択した状態にして、右クリック→コピー（または Ctrl+C）してください。

ということは下の方に追加されたヤツですね。前回は 12 月 27 日までのデータだったから、それよりあとのデータを選べばいいのか。

	A	B	C	D	E	F	G	H	I	J
35071	**① 2023/1/4以降のすべてのデータを選択してコピーする**					酵母の食パン	主食パン	350	1	350
35072						ームパン	菓子パン	180	1	180
35073						そばパン	惣菜パン	400	1	400
35074	34772	2022/12/27	17:58:00	火	P016	クロックムッシュ	惣菜パン	350	1	350
35075	34773	2023/1/4	8:02:00	水	P001	あんぱん	菓子パン	130	1	130
35076	34773	2023/1/4	8:02:00	水	P002	クリームパン	菓子パン	180	1	180
35077	34773	2023/1/4	8:02:00	水	P016	クロックムッシュ	惣菜パン	350	1	350
35078	34774	2023/1/4	8:06:00	水	P012	天然酵母の食パン	主食パン	350	1	350
35079	34774	2023/1/4	8:06:00	水	P012	動物パン	菓子パン	300	2	600
35080	34775	2023/1/4	8:10:00	水	P005	スイートポテトパイ	菓子パン	200	1	200
35081	34775	2023/1/4	8:10:00	水	P006	生チョココロネ	菓子パン	220	1	220
35082	34775	2023/1/4	8:10:00	水	P012	発酵バタークロワッサン	主食パン	250	2	500
35083	34776	2023/1/4	8:16:00	水	P005	ハンバーガー	惣菜パン	400	1	400

… 客数分析 客数客単価表 POSレジデータ表 POSレジデータ表 (客数カウント用) CSVデータ ⊕

コピーできましたね。今度は「POS レジデータ表」のシートを開き、コピーしたデータを貼りつけたい始点となるセルを選択して、右クリック→貼りつけ（または Ctrl+V）をしてください。

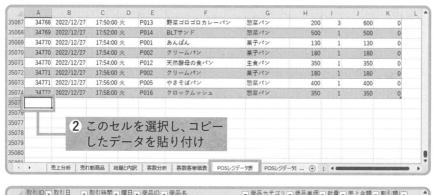

② このセルを選択し、コピーしたデータを貼り付け

データが貼りついて、テーブルの範囲が自動的に広がった

すると、**コピーしたのはすっぴんの表だったのに、貼りつけた瞬間に自動的にテーブルに組み込まれます。**

これで元データは最新のものに更新できたんですけど、この元データを参照するピボットテーブルはまだ更新されていません。といってもやり方は超簡単。ピボットテーブルに移動して、データの範囲内のどこかをクリックして、右クリック→「更新」をするだけ。

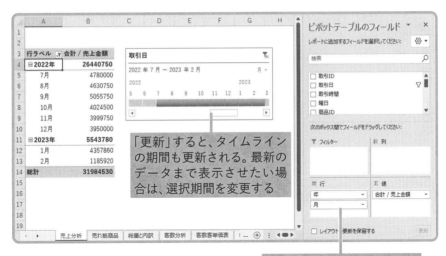

「更新」すると、タイムラインの期間も更新される。最新のデータまで表示させたい場合は、選択期間を変更する

年が変わると、「月」だけだと年の違いが分かりづらいので、「行」に「年」を追加した

 月も追加されましたね。

チラシの効果を「前日比」で確認してみる

 これでデータはそろいました。でも売上の推移を確認する方法っていろいろありますよね。

 前回は月ごとの棒グラフで確認しましたね。

 そういうグラフも当然活用してほしいんですけど、**ピボットテーブルに備わっている機能**を使って数字で把握していく方法もあるんです。せっかくなのでそのやり方を教えたいと思います。

 よろしくお願いします。

手はじめに、日々の売上が「前日比」で何%だったかを示すピボットテーブルをつくってみたいと思います。新たにピボットテーブルをつくってもらえますか？

元データのどこかを選択した状態で、「挿入」タブ→「ピボットテーブル」でしたよね。

はい。このあとも何種類かピボットテーブルをつくっていくので、シートの名前はわかりやすく「前日比（売上金額）」にしておきしょう。さて、ここで材料と調理法選びをしないといけません。

日々の売上がざっと並んだ状態にしたいのだから……行は「取引日」でいいですよね。で、売上金額を集計したいから値のところに「売上金額」をドラッグ。

完璧です。さらに期間をいつでも絞り込めるように「タイムライン」も出しておいてもらえますか？

えっとどこだっけ？　……あ、「挿入」タブにありました。

ではこのピボットテーブルに売上金額の「前日比」を表示するフィールドを追加したいと思います。

ピボットテーブルになにか式を書くんですか？

あ、違います。重要なことなので覚えてほしいんですけど、**ピボットテーブルに対してユーザーが直接手を入れることはNG**。フォントも変えない。背景色も変えない。ましてや値も変えないし、余白にはなにも書かない。
正確には、フォントと背景色の変更はできますが、ピボットテーブルのフィールドを変更すると元に戻ってしまうので、しない方がい

いです。

デザインを変えたい場合は、ピボットテーブルを選択した状態で「デザイン」タブを表示し、その中のメニューを使って変更します。

なぜピボットテーブル内の値は変更できない？

ピボットテーブル内の値は変更できません。**ピボットテーブルはエクセルが元データを集計した結果であり、それを人が修正すると元データとのズレが生じてしまう**ためです。

ピボットテーブル内のデータをダブルクリックすると、値の変更ができない代わりに、新しいシートにその集計の元になったデータが作成されます。これは、集計データの元データを確認するときに使う、「ドリルスルー」という機能です。

ピボットテーブルをダブルクリックするたびにシートが増えていくので、意図せずダブルクリックしてしまった場合は不要なシートを削除してください。

また、ピボットテーブルの外（余白）になにかの値を追加することはできますが、こちらもしない方がいいです。**ピボットテーブルで行や列を変更して表示の範囲が広くなったり狭くなったりする際に、手で追加した内容が消えたりズレたりして、トラブルの元になる**ためです。

じゃあ元データの方にフィールドを足して、そこに式をポチポチ書く？

元データは取引されたひとつの商品ごとに1行のデータになっているので、ピボットテーブルで集計する前に、元データの1行ごとに前日比の式を書くことはできません。

前日比は、売上金額を1日単位に集計した結果、つまりピボットテーブル作成後にわかる値の、当日と前日のデータを比較します。

ふむふむ。具体的なやり方を教えてください。

まずフィールドウインドウの「値」に「売上金額」をもう一つドラッ
グします。すると「合計／売上金額2」が並んで表示されますね。

次に、ピボットテーブルで二つ並んでいる「合計／売上金額2」とい
う見出しを選び、「クリック」→「値フィールドの設定」を選びます。

ここでフィールド名を変えましょう。好きな名前にできますが、こ
こでは「前日比／売上金額」にしましょうか。

「売上金額の前日比」という意味か。

そう。次に前日比を計算する指示をします。「計算の種類」タブの「計算の種類」からプルダウンメニューで「基準値に対する比率」を選びます。基準フィールドは「取引日」、基準アイテムは「（前の値）」です。

これで、ピボットテーブルで前日比が確認できるようになりました。

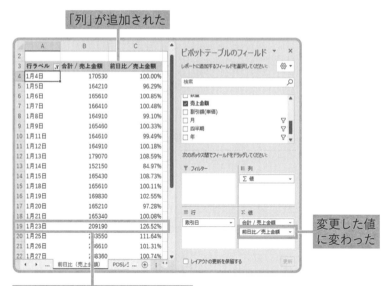

「列」が追加された

変更した値
に変わった

ランチセットを開始した日は、
前日と比べて126%になっている

最初に「合計／売上金額」が二つ並んだときはどうなるかと思いましたけど、こうやるんですね。

たしかにあの操作は違和感がありそうですが、すぐ慣れます。
ちなみにいまやった操作を言葉にすると、「一個前（基準アイテム）の取引日（基準フィールド）の売上金額（値）に対する比率（計算の種類）を計算してね」という指示をしたんです。

あ、そういえばせっかく前日比が出たので「タイムライン」で直近の1カ月にしていいですか？

もちろんです。

ランチセットを開始した日の売上は前日比でアップしてますね。実はこの日の朝、がんばってチラシをまいたんです。そのあとは上がったり下がったりですけど、何回かあるチラシを配った日の売上は

ちゃんと上がっているなぁ。

きっとまく場所と時間がよかったんでしょうね。

アルバイトの子にもチラシ配りを頼んだんですが、「本当にこれで時給をペイできるのか」と若干不安だったんですよ。でもこうやって効果があるなら、どんどんやってもらってもいいな……。

効果を数字で測定しやすいというのが、まさにデータの強みです。もしチラシの効果が薄れてきたら、ほかの方法を試してみればいいわけですから。

たしかにそうですね。

「週番号」を使えば前週比もあっという間

次に「前週比」をやってみます。熊野さんが言われるように、**日単位ではどうしても変動があって、全体的に上がっているのか下がっているのかがわかりづらい**ですね。

それは少し思いました。たとえば過去最高の売上を記録した日があったとしたら、次の日は落ちるじゃないですか。じゃあそのマイナスは悲しいことなのかといったら、なんか違う気もするし。

そうなんです。だからより全体的な動向をつかめるように月単位や四半期単位、年単位といったものがあるんですけど、実は週単位も使えるんです。スピード感のある経営をしているところでは、「月ごとの検証では遅すぎる」という感覚なんですね。

そうなんだ……。

なので、週単位でデータを管理する方法もぜひ覚えてください。ただし「前週比」はちょっとしたひと手間が要ります。確認したいのがお使いの POS レジの CSV ファイルに「週番号」が記録されているかどうかなんですが、ないようですね。であれば、元データにフィールドを足して、各取引に週番号を割り当てなければいけません。

週番号ってなんでしたっけ？

1 年の最初の週から 1、2、3 と割り振っていった番号のことで、最後は 53 になります。なぜ週番号がいるかというと、週単位で取引記録をグループ分けしたいから。

グループ分け？　あ、「惣菜パングループは何個売れたか？」みたいな感じで、「第 20 週グループは何個売れたか？」みたいな集計ができるということですか？

そうそう！　年、四半期、月単位などのグループ分けは日付から判断してピボットテーブルが勝手にやってくれるんですけど、週単位ではしてくれないんです。
つくり方を説明します。元データの「POS レジデータ表」を開いて一番右端にフィールドを追加してください。フィールド名は「週番号」にしましょう。

追加

142

フィールドを追加するときは右端に

元データにフィールドを追加するときは、必ず右端に入れるようにします。すでにあるフィールドとフィールドの間に挿入すると順番が変わり、このあと更新された CSV データをこのテーブルに貼りつけるとき、データがズレてしまうからです。

で、週番号の入力は手で打ち込む必要はなく、エクセルがやってくれます。このような式を週番号の空白のセルに一つ書くだけです。

=WEEKNUM([@取引日],1)

「その行の取引日の週番号をここに書け」みたいな意味です。

いろんな関数があるんだなぁ……。最後にある 1 ってなんですか?

週のはじまりを日曜日とする場合は「1」、週のはじまりを月曜日とする場合は「2」とするんです。

できました。ちゃんと数字が入ってますね。

数式の入力を少しラクにする方法

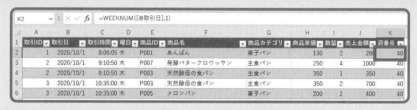

①K2セルをダブルクリックして、半角で「=WEEKNUM(」と入力
②マウスでB2セル(同じ行の「取引日」)をクリック(自動で、「[@取引日]」が入力される)
③半角で「,1)」と入力
④Enter キーを押す

では準備が整ったので、売上の前週比が確認できるピボットテーブルをつくってみましょう。また新規にピボットテーブルをつくって、シート名は「前週比」にしましょうか。「タイムライン」もつくっておきましょう。

ここからのやり方は先ほどの「前日比」とほぼ一緒です。違うのは、先ほどは行ラベルに「取引日」を使いましたけど、ここでは「週番号」を使います。値は「売上金額」ですね。

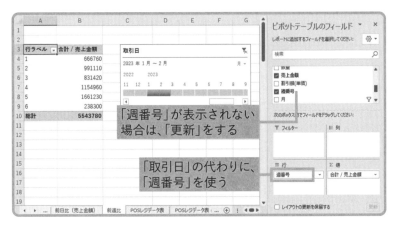

すると、このように週ごとの売上金額が集計できます。

ああ、こうやって使うのか。

週単位でデータを管理したい場合の注意点

もし行ラベルに「年」や「四半期」「月」などがまざっていると、一つの週が分かれて集計されてしまうことがあります。

たとえば2022年は第45週に10月31日と11月1日が入っていますが、行が階層構造で「週番号」の上位に「月」があると、10月31日までのデータは「10月グループ傘下の第45週グループ」。11月1日以降のデータは「11月グループ傘下の第45週グループ」に分けられてしまいます。週単位でデータを集計したい場合、行ラベルに含む日付に関する情報は「週番号」だけにしましょう。

次に「前週比」のフィールドを足したいので、値に「売上金額」をもう一度ドラッグしましょう。追加された見出しをクリックして、「フィールドの設定」を開いてください。フィールド名は「前週比／売上金額」に変えます。

「計算の種類」の中身もほぼ先ほどと同じ。「基準値に対する比率」にして、「基準アイテム」は「（前の値）」。さっきと違うのは「基準フィールド」で「週番号」を選ぶことです。

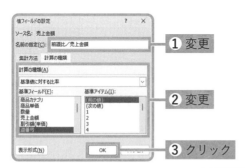

1 変更
2 変更
3 クリック

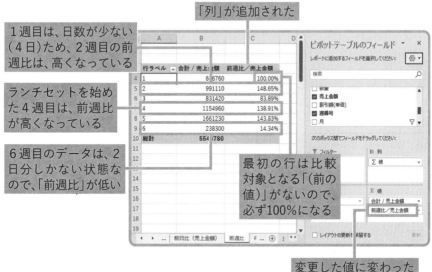

「列」が追加された

1週目は、日数が少ない（4日）ため、2週目の前週比は、高くなっている

ランチセットを始めた4週目は、前週比が高くなっている

6週目のデータは、2日分しかない状態なので、「前週比」が低い

最初の行は比較対象となる「（前の値）」がないので、必ず100％になる

変更した値に変わった

これで前週比も確認できるようになりましたね。

「データを立体的に見る」ってどういうこと？

 過去のデータとの比率を数値化すると成長率や下落率は把握しやすくなる一方で、そこから抽出できる情報は限定されますよね。

 それはちょっと思いました。たとえば10万円が100万円になったら1000％。100万円が200万円になったら200％ですけど、パーセンテージだけ見れば1000％の方がすごそうに見えますよね。実際に増えた値は後者の方が多いのに。

 そうですね。これはデータ分析の基本的な心構えですけど、**データはいろいろな角度、いろいろな切り口から見ることが大切**です。もちろん、それで情報量が増えすぎて頭がパンクしてしまったら本末転倒ですが、**ムダを削ぎつつ、できるだけ立体的（多面的）に見ることは、価値のある情報を抽出するためのコツ**なんです。

 ムダを削ぎつつ、立体的。難しそうですね……。

 最適な落としどころって、データ分析をする人それぞれですからね。最初はあえて情報を限定して、一つひとつ確認していく方法でもいいんですが、慣れてくると一度にいろんな情報を確認したいと思うようになるんです。

 そういうものですか。

 このピボットテーブルも、集計データをいくつか追加してみて、熊野さんにとって使い勝手のいいものにしていきましょう。その後で、直近のお店の状況を確認するのがよさそうです。

ああ、いいですね。一緒につくってもらえるなら心強い。

 まず追加した方がいいかなと思うのが**差分**です。先ほど熊野さんが言われたような、「比率」だけではすぐにわからない「実際の変動値」という情報ですね。

 それは知りたいです。

 差分の集計方法も「前日比」や「前週比」とほぼ一緒。いま知りたいのはなんの差分かといえば売上金額ですね。だから、またフィールドリストから「売上金額」を「値」にドラッグすればいいんです。
そしてまた見出しをクリック→「フィールドの設定」。フィールド名は「前週差額／売上金額」にしておきましょうか。「基準フィールド」や「基準アイテム」は「前週比」と同じ。先ほどと違うのは計算の種類を「基準値との差分」にするところだけなんです。

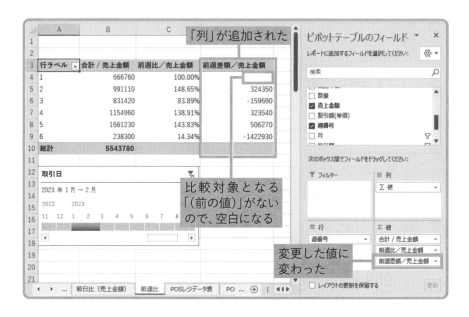

 なんか……**このフィールドを一個足すだけで、情報の見え方が変わりますね。**

 これが「立体的に見る」ということなんです。こんな感じでどんどんフィールドを足せます。
ほかにはどんな情報が知りたいですか？　いまは週単位での集計ですけど、確認したいのは売上金額だけではないですよね？

 あ、売れたパンの数が知りたいかも。たとえばパンはたくさん売れたのに売上がイマイチだったとしたら、「安いパンばかり売れたのかな？」と気づけるかもしれないし。

 そうですね。これは超簡単に追加できます。集計したいのは**数量**なので、フィールドリストから「数量」を値にドラッグするだけ。

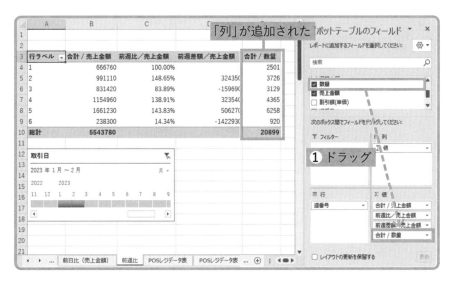

 簡単すぎる！

 さらに数量に関する「前週比」と「差分」も先ほどと同じやり方で追加できますね。

 やり手の経営者の気分になってきた(笑)。

ほかには、その週の**集客**も気になりますよね。

客数の集計方法は前回やりましたけど、「取引ID」を「値」にドラッグして、集計方法を「個数」に変えるだけ。当然、客数も「前週比」と「差分」の計算ができます。

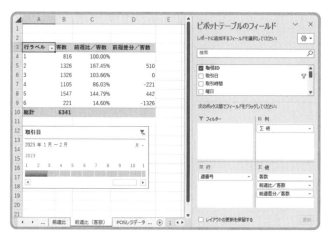

客数については元データとするシートが違うので、「POSレジデータ表（客数カウント用）」シートから、新しいピボットテーブルを作成し、シート名を「前週比（客数）」とします。

だいぶ情報が増えてきて、脳の処理能力を超えつつあります（笑）。

そう感じるなら別のピボットテーブルに分けるか、フィールドを減らします。たとえば、「数量」と「客数」は「前週比」だけにするとか。簡単にカスタマイズできるのがピボットテーブルのよさです。

いくつかフィールドを減らしたら、代わりに「商品名」をこの集計に入れてみませんか？　先ほど熊野さんが話してた「安いパンばかりが売れたのかも」みたいなことも、手軽に裏づけがとれますよ。

このピボットテーブルに商品名を足す？　ちょっとイメージがわかないです。

実は前回ちょっとやっているんです。行の階層構造の話を思い出してください。

あ！ 「行」の「週」の下に「商品名」をもってくればいいんですね。

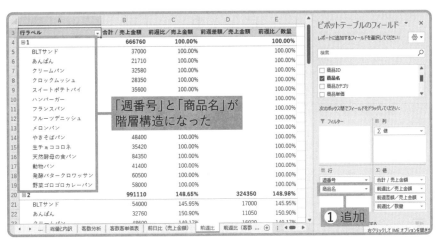

「週番号」と「商品名」が
階層構造になった

① 追加

 そうです！ 行ラベルを階層構造にして、週が上位にくるようにする。そうすると週ごとの集計が最初に目立つようになります。売上金額や数量の内訳が気になったら「＋」マークをポチッと押せば、商品ごとの売上と数量が確認できるんです。

 これは便利。採用させていただきます（笑）。

知っておきたい基本的な集計パターン

データ集計にはたくさんの方法があり、それらの組み合わせは無限大です。これまで紹介した以外の代表的な集計方法を紹介するので、ぜひ参考にしてください。

前月比・前四半期比・前年比

週単位の管理までは大変だという人でも、せめて月、四半期、年単位の振り返りはしたいところ。該当する単位（フィールド名）を、行ラベルにドラッグするだけです。

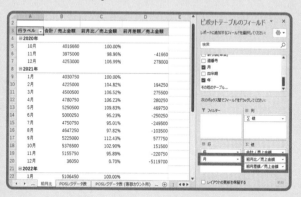

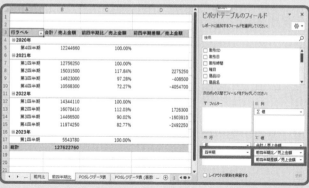

前年同月比

「この月の売上は、去年の同じ月と比べてどうなのか？」を確認できるのが前年同月比。行に「月」、列に「年」を入れることで集計が可能になります。

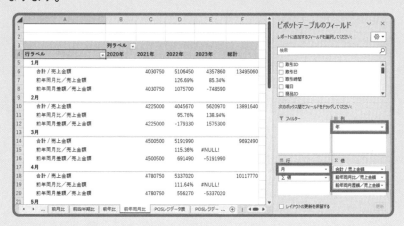

前週同曜日比

曜日によって売上に規則性があるお店に有効なのが前週同曜日比。行の階層を「週」→「曜日」にするのがポイントです。もし元データに曜日の情報がない場合、日付から曜日を計算してくれる TEXT という関数を使って元データに項目を追加しましょう。

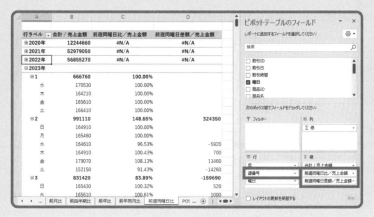

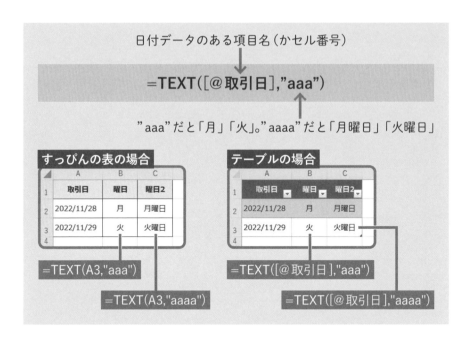

日付データのある項目名（かセル番号）

=TEXT([@取引日],"aaa")

”aaa”だと「月」「火」。”aaaa”だと「月曜日」「火曜日」

すっぴんの表の場合

	A	B	C
1	取引日	曜日	曜日2
2	2022/11/28	月	月曜日
3	2022/11/29	火	火曜日
4			

=TEXT(A3,"aaa")

=TEXT(A3,"aaaa")

テーブルの場合

	A	B	C
1	取引日	曜日	曜日2
2	2022/11/28	月	月曜日
3	2022/11/29	火	火曜日
4			

=TEXT([@取引日],"aaa")

=TEXT([@取引日],"aaaa")

一定以上の値を目立たせるには 「条件付き書式」

 あの、安堂さん。いまデータをざっと眺めているんですけど、数字だけだと少しわかりづらいので、たとえば売上が下がっているところをハイライトしたり、赤い文字に変えたりしていいんですか？

 あ、それはやめておきましょう。先ほど言いましたけど、ピボットテーブルを直接いじることは推奨されません。ただ、それと同じことは**条件付き書式**という機能で実現できます。

 ぜひ教えてください！

 たとえば前週比のパーセンテージをわかりやすくしたいなら、前週比の列の書式を変えたいセルを選択したうえで、「ホーム」タブの「条

件付き書式」をクリック。「セルの強調表示ルール」を選んでください。

ふむふむ。

次に、どんな条件のときにセルを強調するかを指定しますが、「売上が下がった＝ 100%未満」ということですよね。だから「指定の値より小さい」を選び、値に「1」を指定すれば OK。表示方法はいくつか最初から選択肢が用意されています。

「100% 未満」なのに値に「1」を指定する理由は、「100%」というのはエクセルの表示上の話で、実際の値は「1」だからです。

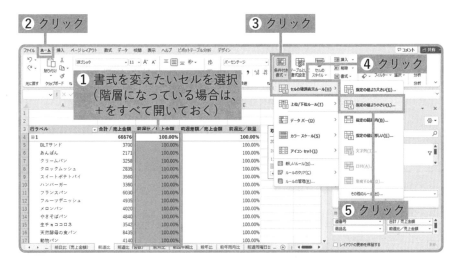

ちょっとやってみます。おお、一気に見やすくなりましたね！

	A	B	C	D	E
32	天然酵母の食パン	126000	149.38%	41650	149.38%
33	動物パン	60900	147.10%	19500	147.10%
34	発酵バタークロワッサン	90750	150.00%	30250	150.00%
35	野菜ゴロゴロカレーパン	86400	148.97%	28400	148.97%
36	⊟3	831420	83.89%	-159690	83.98%
37	BLTサンド	4500(	83.33%	-9000	83.33%
38	あんぱん	2743(	83.73%	-5330	83.73%
39	クリームパン	4050(	83.33%	-8100	83.33%
40	クロックムッシュ	3500(	83.33%	-7000	83.33%
41		4500(	83.33%	-9000	83.33%

100%より小さいデータに、
色が付いた

次なる策として新作パンを投入！

 これでだいぶ情報が増えましたけど、直近の数字はどうですか？
ランチセット開始前後で比べると。

 ちょっとタイムラインを使いながらデータとにらめっこしてみてい
いですか……。

 どうぞ、どうぞ！

（3分後）

 ……うん。売上、販売個数、客数いずれも増えています。コンビニ
オープン前の水準とまではいかないですが、課題の惣菜パンとラン
チタイムのテコ入れはできてます。ひとまず成功と言ってよさそう
ですね。

 それはよかった（もぐもぐ）！

あ、それ試作品の和牛サクサクコロッケパン（笑）。

我慢できなくて（笑）。サクサク具合、最高ですよこれ。味つけのバランスもいいし、和牛のうまみもしっかり伝わってきます。

ありがとうございます。いままで試作品は基本的に一人でつくってたんですが、今回はお客さまの意見を聞いて調整したんですよ。

お客さんの？

はい。常連さんとか、惣菜パンを購入されたお客さまに、お店が混んでいない時間帯に試食していただいたんです。前回、ヒアリングが大事だって言われたじゃないですか。

なんと！　熊野さんの成長に感動したのでもう一個いただきます（もぐもぐ）。

どんどん食べてください（笑）。じゃあこれで GO ですね！

モヒロンレス（もぐもぐ）。

わかりました。実は POP とかもすでに用意してあるので、すぐにでも販売開始できます。POS レジへの商品登録もやっておきます。

ばっちりですね。この新商品に関しても、投入前と投入後でお店の数字にどんな変化があるかチェックしてください。今回教えた方法を組み合わせながら、「立体的に見る」ことを意識して。

でも新作の場合、この商品の売上を追えば十分じゃないですか？

もちろんそれも大事ですけど、**新商品は売れてもお店全体の売上が下がってたら、当初の目的である「売上アップ」につながりません**よね。だから全体の売上や商品ごとの売上、あとは客数ですね。このあたりはセットで確認していくといいと思います。

勉強になります。

もちろん多少商品が食い合うのはしょうがないですけど、野菜ゴロゴロカレーパンのように熱心なファンのいる看板メニューになれば理想的です。コロッケパン目当てのお客さまがついでにほかの商品も買ってくれれば、売上の底上げにつながりますよね。

わかりました。そのあたりもチェックしていきます。

で、いままでやってきたのは「売上アップ」に関することですけど、次回以降のステップとして、原価と人件費についても着手していきたいんです。
一つ確認ですけど、各製造担当の方の１日の**製造個数**って把握されていますか？

いや、まったく。

そうですか。ではそのデータをとっておいてもらえますか？　列に日付、名前を入れて、製造個数を記録していってください。フォーマットはあとでメールします。

実際にこれを使うのは先の話なんですけど、データがないとできないことなので、先にお願いしておきます。

わかりました。

次回は**原価**に関して一緒に見ていきたいんです。そのとき原価率のデータを使いたいので、次回までに各商品の原価率も計算しておいてもらえますか？

OK です。原価率はお店のオープンのときに計算してるんですが、そのときから商品は増えていますし、材料を変えた商品もあるので、あらためて計算し直します。

ありがとうございます。じゃあ次回は新作パンの状況も確認したいので、発売日から2週間後にしましょうか。すっぴんの表でいいので、それまでに原価リストを新規でつくっておいてください。

その際、できれば POS レジに登録している商品 ID、商品名、商品カテゴリ、単価も入れておいてください。

（メモメモ）。POS レジを導入するときに商品登録で使ったエクセルファイルがあるはずなので、それを流用しますね。

OK です。今日はこんな感じですかね。

 ありがとうございました。

 それとコロッケパンごちそうさまでした（ジー）。いやぁ、美味しかったなぁ……（ジー）。

 あ！　どうぞ全部もって帰ってください（笑）。

原価の計算方法

パンの原価は以下のように計算できます。

① 商品一個あたりの材料の重さを、材料ごとに計る

② 材料 1 g あたりの原価を計算する

③ ①と②を掛け、すべてを足す

※ パンづくりには分量外の「打ち粉」が必要なので、正確な計算をする
　ことは難しいです。そのため、粉類は 10% 程度多めに計算します。

4章

データ分析が教えてくれる
"次の一手"

売れば売るほど損するパン!?

ランチセットの導入で昼の客足を取り戻したうえに、店主自信の一品、和牛サクサクコロッケパンを投入して攻めに転じたブーランジェリーくまの。新商品投入から2週後の閉店時間に奈美が来店。この日のテーマは原価率だ。いざデータ分析してみると、お店の新たな課題が見つかった。

エクセルが喜ぶデータづくりのお作法

 和牛サクサクコロッケパン、どんな感じですか？

 予想以上にいいですよ。「コンビニのペチャッとしたコロッケパンとは比べものにならない満足度」といううれしい声もいただいてます。安堂さんも最近は……。

 週の半分以上、カレーパンとコロッケパンのランチセットになっちゃって、体重計に乗るのが怖いです（笑）。

 数字はウソをつかない、でしたよね。

 帰っていいですか……（笑）。それはさておき、数字的なことを教えてください。

 時間帯の分析をしてわかったのは、最初はやはりランチタイムによく売れて、だんだん幅広い時間帯で売れるようになったことです。まだデータは足りないかもしれませんが、非常にいい感触です。「子どもがハマって、朝食や夕飯がコロッケパンになっちゃった」とおっしゃる常連さんが何人もいました。

 わかる気がします。「コンビニのパンを子どもに食べさせるのは少し罪悪感があるけど、パン屋さんのなら OK」みたいな心理もありそうですね。夕飯のおかずとして考えたら割安感がありますし。

 なるほど！　そういう売り出し方もあるのか。POP の改良もその方向で続けます。

 ぜひぜひ。では売上アップの施策はとりあえず順調ということで、前回予告した通り、今日は原価について見ていきましょうか。

 原価リストをエクセルでつくりました。けっこうがんばりましたよ。

製品原価

商品ID	商品名	商品カテゴリ	単価	原価
P001	あんぱん	菓子パン	130	40
P002	クリームパン	菓子パン	180	50
P003	天然酵母の食パン	主食パン	350	110
P004	動物パン	菓子パン	300	80
P005	スイートポテトパイ	菓子パン	200	120
P006	生チョコココロネ	菓子パン	220	80
P007	発酵バタークロワッサン	主食パン	250	8 0
P008	ハンバーガー	惣菜パン	400	100
P009	フランスパン	主食パン	300	80
P010	フルーツデニッシュ	菓子パン	350	140
P011	メロンパン	菓子パン	200	50
P012	やきそばパン	惣菜パン	400	120
P013	野菜ゴロゴロカレーパン	惣菜パン	200	80
P014	BLTサンド	惣菜パン	500	210
P015	クロックムッシュ	惣菜パン	350	100
P016	和牛サクサクコロックパン	惣菜パン	350	160

↑2023/2/6〜発売開始

うん、がんばりましたね。おおむねよさそうですけど、ちょっと修正しておきたいことがあります。といってもデータの中身ではなく、データ自体のつくり方に関してです。

つくり方？　エクセルで表を書いただけですけど……。

はい。でもその表を元データとして分析に使うときは、いくつか"守るべきルール"があるんです。今後のために説明しておきますね。

お願いします。

大前提として、**データはエクセルが迷うことなく読み取れる状態にしておく必要があります。**
でも、エクセルでファイルをつくるとき、多くの方は派手な装飾をしたり、余白を使って読みやすくしたり、コメントを足したり、データ以外にいろいろ足すと思うんです。

わかります。

見た目をよくするのも必要なことなんですが、「データ分析のためのデータ」をつくる場合、発想を切り替えなければいけません。
元データは人に見せるものではなく、エクセルに読み込ませるもの。
だからシンプル・イズ・ベスト。これを覚えておいてください。

たとえば？

まず気づいたのが見出しまわりです。1行目に「製品原価」というタイトルがついていますが、**データにタイトルはいりません。**タイトルはシート名でつけてください。
あと、「商品ID」と「商品名」と「商品カテゴリ」の上位に「商品」とい

う見出しをつけて、見出しだけで2行分使っていますね。でも、元データとして使うときは**見出しを1行に収めないといけません。**

【NGポイント】
見出しが2行になっている
→見出しは1行にする

「階層構造」という言葉が自分のなかでブームで、つい(笑)。ほかにもありますか?

いっぱいあります(笑)。いまの「商品」という見出しもそうですが、**セルの結合は一切使わないでください。**もちろんデータを記入するところもセル結合は禁止です。エクセルが正しくデータを読めなくなります。

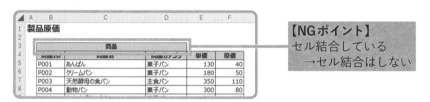

【NGポイント】
セル結合している
→セル結合はしない

ほかには、あ、リストの途中で行が空いてますが、「**1行1レコード**」**を徹底してください。**行や列の途中に空きがあると、エクセルはそこでデータが終わっていると勘違いしてしまいます。

あとは、**データと関係のない情報は書かないでください。**たとえばコメントをデータの途中に書くと、エクセルがコメントもデータとして扱ってしまいます。

18	P014	BLTサンド	惣菜パン	500	210
19	P015	クロックハッシュ	惣菜パン	350	100
20					
21	P016	和牛サクサクコロッケパン	惣菜パン	350	160
22		↑2023/2/6〜発売開始			
23					
24					

【NGポイント】
空行やデータではない
コメントが入っている
→空行は削除する
コメントを書く必要が
あるなら、コメント専
用の列を作る

なるほど……。

最後に、これはエクセルで本当によくあるエラーですけど、**表記が統一されていない**箇所がいくつかあります。

まず、データに数値を記入するときは必ず半角で統一してください。全角の「８０」と半角の「80」はエクセルにとって別物です。同じ理由で「惣菜パン」と「惣菜ぱん」は別物として扱われます。

8	P004	動物パン	菓子パン	300	80
9	P005	スイートポテトパイ	菓子パン	200	120
10	P006	生チョココロネ	菓子パン	220	80
11	P007	発酵バタークロワッサン	主食パン	250	８０
12	P008	ハンバーガー	惣菜パン	400	100
13	P009	フランスパン	主食パン	300	80
14	P010	フルーツデニッシュ	菓子パン	350	140

【NGポイント】
全角の数字が混ざっている
→すべて半角に揃える

あと、この表では大丈夫ですけど、あるフィールドで数字がバーッと入っているのに、たまにセルが空白のままのデータがあるんです。「値がわからなかった」などの理由だと思いますが、**空白はエクセルにとってとても処理に困るもの**なんです。0でいけるなら0にしたり、担当者名を入れるところだったら「不明」で社内統一したり、なにかしらの値を入れてください。

ただし、これはピボットテーブルにするときの話です。ピボットテーブルの元データとするときの空白はNGですけど、その他のテーブルとか、データをつくっている途中の空白は大丈夫です。

	A 取引ID	B 取引日	C 取引時間	D 曜日	E 商品ID	F 商品名	G 商品カテゴリ	H 商品単価	I 数量	J 売上金額
2	1	2020/10/1	8:06:05	木	P001	あんぱん	菓子パン	130	2	260
3	2	2020/10/1	9:10:50	木	P012	発酵バタークロワッサン	主食パン	250	4	1000
4	2	2020/10/1	9:10:50	木	P012	天然酵母の食パン	主食パン	350	1	350
5	3	2020/10/1	10:35:00	木	P012	天然酵母の食パン	主食パン	350		700
6	3	2020/10/1	10:35:00	木	P005	メロンパン	菓子パン	200		400
7	4	2020/10/1	11:05:18	木	P005	フランスパン	主食パン	300		900
8	4	2020/10/1	11:05:18	木	P013	野菜ゴロゴロカレーパン	惣菜パン	200		1000
9	5	2020/10/1	12:02:06	木	P001	あんぱん	菓子パン	130		390
10	5	2020/10/1	12:02:06	木	P012	発酵バタークロワッサン	主食パン	250	6	1500
11	5	2020/10/1	12:02:06	木	P012	天然酵母の食パン	主食パン	350	1	350
12	6	2020/10/1	12:05:08	木	P012	天然酵母の食パン	主食パン	350	2	700

【NGポイント】
空白のセルがある
→すべてのセルに値を入れる

わかりました。

"儲からないパン"を見つける方法

 直しました！

 ありがとうございます。つくってもらった表には商品固有の情報が記載されているから、シート名はわかりやすく「商品一覧表」にしておきましょうか。さらに、この表をテーブル化してください。テーブル名は「商品一覧テーブル」としましょう。

 はい。えっと、表の一部を選択して「Ctrl」を押しながら「T」。

 おお、ショートカットですね。せっかくテーブル化したので、商品名のフィルターを使って昇順（あいうえお順）にソートしてください。

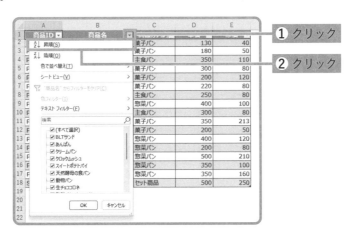

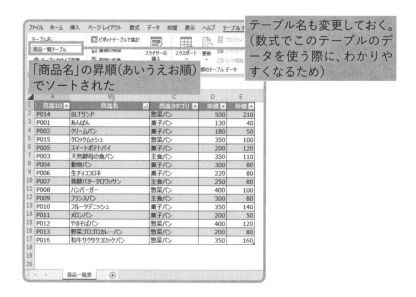

テーブル名も変更しておく。（数式でこのテーブルのデータを使う際に、わかりやすくなるため）

「商品名」の昇順（あいうえお順）でソートされた

ではこのテーブルの右端に、「原価率」のフィールドを一つ足します。いま原価と書かれているセルの右隣に原価率と入力してエンターキーを押せば、テーブルが自動的に拡張されます。

できました。

商品ID	商品名	商品カテゴリ	単価	原価	原価率
P014	BLTサンド	惣菜パン	500	210	
P001	あんぱん	菓子パン	130	40	
P002	クリームパン	菓子パン	180	50	
P015	クロックムッシュ	惣菜パン	350	100	
P005	スイートポテトパイ	菓子パン	200	120	

そこに原価率を計算する式を書きたいんですけど、わかりますか？

えっと、単価割る……じゃなくて、原価÷単価。

そうですね。原価率が空白になっているセルのどれかを選んで、以下のように入力すればOKです。

=[@原価]/[@単価]

F2	∨ : × ✓ fx	=[@原価]/[@単価]				
◢	A	B	C	D	E	F
1	商品ID	商品名	商品カテゴリ	単価	原価	原価率
2	P014	BLTサンド	惣菜パン	500	210	0.42
3	P001	あんぱん	菓子パン	130	40	0.3076923
4	P002	クリームパン	菓子パン	180	50	0.2777778
5	P015	クロックムッシュ	惣菜パン	350	100	0.2857143
6	P005	スイートポテトパイ	菓子パン	200	120	0.6
7	P003	天然酵母の食パン	主食パン	350	110	0.3142857
8	P004	動物パン	菓子パン	300	80	0.2666667
9	P006	生チョココロネ	菓子パン	220	80	0.3636364
10	P007	発酵バタークロワッサン	主食パン	250	80	0.32
11	P008	ハンバーガー	惣菜パン	400	100	0.25
12	P009	フランスパン	主食パン	300	80	0.2666667
13	P010	フルーツデニッシュ	菓子パン	350	140	0.4
14	P011	メロンパン	菓子パン	200	50	0.25
15	P012	やきそばパン	惣菜パン	400	120	0.3
16	P013	野菜ゴロゴロカレーパン	惣菜パン	200	80	0.4
17	P016	和牛サクサクコロッケパン	惣菜パン	350	160	0.4571429
18						

数式を入力
[@原価]や[@単価]の部分は、セルをクリックすることで自動入力できる

これで自動的に原価率を計算してくれるわけですが、少数点がワーッと続いていて見づらいですね。これを**パーセンテージ表記**に変えましょう。そのセルを右クリックして「セルの書式設定」を選択。「表示形式」タブの「分類」から「パーセンテージ」を選んでください。

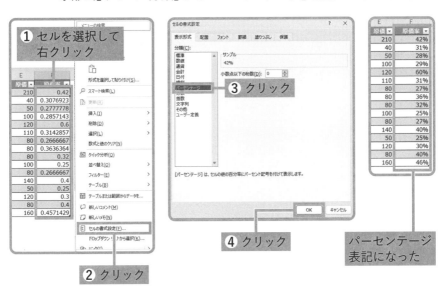

① セルを選択して右クリック

② クリック

セルの書式設定

③ クリック

④ クリック

原価	原価率
210	42%
40	31%
50	28%
100	29%
120	60%
110	31%
80	27%
80	36%
80	32%
100	25%
80	27%
140	40%
50	25%
120	30%
80	40%
160	46%

パーセンテージ表記になった

これで各商品の原価と原価率がひと目で把握できるようになりました。

使えると一目置かれる「VLOOKUP 関数」

原価率って意外と……バラバラなんですね……。

ああ、そうですね。このあとしっかり確認しますけど、その前にやっておきたいことがあります。今回作成した「商品一覧表」の原価と原価率の情報を、「POS レジデータ表」に追加したいんです。

ああ、あのデカいテーブルの方に。

そうすることで、POS レジデータ表からつくるピボットテーブルで、週ごとや月ごとの売上を確認するときなどに、**原価という切り口からの分析**も可能になります。

まぁ……それはそうかもしれませんが、せっかくつくったのにこれを書き写すんですか？

いえいえ。それではあまりに効率が悪いし、絶対にどこかで入力をミスするので、エクセルに指示を出して自動でやってもらいます。

プログラミングみたいですね。

正確には Excel 関数ですが、プログラミングのようなものだと考えてもらっても大丈夫です（笑）。「VLOOKUP 関数」というものですが、イメージがわかないと思うので実際にやってみますね。
指示を書きたいのは「POS レジデータ表」の方なので、「POS レジデータ表」を開いて、テーブルの右端に「原価」と「原価率」のフィールドを足してください。

	A	B	C	D	E	F	G	H	I	J	K	L	M
1	取引ID	取引日	取引時間	曜日	商品ID	商品名	商品カテゴリ	商品単価	数量	売上金額	通番号	原価	原価率
2	1	2020/10/1	8:06:05	木	P001	あんぱん	菓子パン	130	2	260	4		
3	2	2020/10/1	9:10:50	木	P007	発酵バタークロワッサン	主食パン	250	4	1000	4		
4	2	2020/10/1	9:10:50	木	P003	天然酵母の食パン	主食パン	350	1	350	4		
5	3	2020/10/1	10:35:00	木	P003	天然酵母の食パン	主食パン	350	2	700	4		
6	3	2020/10/1	10:35:00	木	P005	メロンパン	菓子パン	200	2	400	4		

列を追加

できました。

「原価」の一番上の空白セルを選んで、次のような指示を書きます。

=VLOOKUP([@商品名],商品一覧テーブル [[商品名]:[原価率]],4,FALSE)

えっ!?　なんですかこの暗号……。

意味さえわかれば難しくないです。日本語にすると、

「商品一覧テーブル」の「商品名」のなかから、この行の
「商品名」と同じものを探して、見つかったら
その三つ右隣のデータを引っ張ってきてね

という意味です。より正確に翻訳するとこうなります。

「商品一覧テーブル」の商品名～原価率の範囲を参照せよ。
その範囲の左端の列を検索し、(「POSレジ
データ表」の)この行の商品名のセルの値と一致するものを探せ。
見つかったらその行の4列目の値を取得せよ

4列目?

商品一覧表における原価の列のことです。

でも商品一覧表で原価は5列目ですよ……。

今回検索をかける範囲は[商品名]:[原価率]で指定していて、左端の「商品ID」は指定していないんです。何列目というのは検索範囲のなかで何列目か、ということなんです。

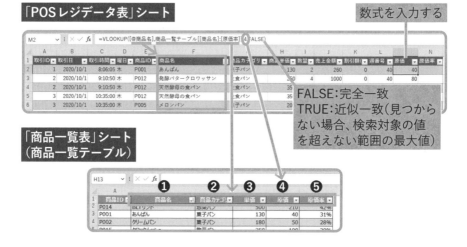

VLOOKUP 関数のポイント

この関数が検索をかけるのは検索範囲の1列目、一番左端の列です。この場合、商品名で検索をしたいので商品一覧表の2列目が左端にくるように検索範囲を指定しています。

もし**商品名より左に原価の列がある場合、原価のデータを読み込むことができません。**その場合は商品一覧表で見出しの場所を入れ替える必要があります。

もし複数のシートからこの商品一覧表を参照している場合は、見出しを入れ変えることで参照エラーなどの不具合が起きないように気をつけましょう。

VLOOKUP 関数を使うときのルールはほかにもあります。
一つは、**検索をかける列の値が昇順になっていること**。ソートですね。
文字列で検索するならあいうえお順。そうじゃないとちゃんと検索
できません。さきほど商品一覧表をテーブル化したのは、ソートが
一発でできるからです。

そんな意図があったんですね。

さらに、**検索をかける列に同じデータがあると正しく動作しません。**
要は「商品名」が「あんぱん」というデータは、一つだけにする。も
し「あんぱん」が複数あったら、一番上にある「あんぱん」のデータ
だけ取得してきます。
あとは細かいことですけど、もしすっぴんの表で VLOOKUP 関数を
使うときは、例の「$」マークを使ってセルの範囲を絶対値表記にし
ます。

わかりました。

あ、そうだ。注意点がもう一つ。今後、新商品をこの商品一覧表に
データとして追加することもあると思います。今回のように
VLOOKUP 関数で検索をかける表に新たな行を追加するときは、**デー
タの先頭行と最終行「以外」に挿入してください。** 真ん中あたりに
適当に入れれば OK です。

商品ID	商品名	商品カテゴリ	単価	原価	原価率
P014	BLTサンド	惣菜パン	500	210	42%
P001	あんぱん	菓子パン	130	40	31%
P002	クリームパン	菓子パン	180	50	28%
P015	クロックムッシュ	惣菜パン	350	100	29%
P005	スイートポテトパイ	菓子パン	200	120	60%
P017	新商品	主食パン	300	80	27%
P003	天然酵母の食パン	主食パン	350	110	31%
P004	動物パン	菓子パン	300	80	27%

真ん中あたりに、行を挿入後、
「商品名」で昇順ソートすればOK

なぜですか？

 VLOOKUP 関数で参照範囲の指定をしますよね。ああやって指定したあとに参照先の先頭行や最終行にデータを挿入すると、**参照範囲はそのままなのにデータだけ増えるのでズレが生じることがある**んです。参照範囲の中間にデータを追加すれば、エクセルが VLOOKUP 関数の参照範囲を自動的に調整してくれます。

 へえ。

 もちろん、あいうえお順で正しい行に追加してもいいんですけど面倒ですよね。漢字だとなにが正しい昇順なのかわからないですし。だから表の中間あたりに適当に挿入して、商品名でソートをかける、ということをしてほしいんです。

VLOOKUP 関数のバリエーション

VLOOKUP 関数の V は「縦」を意味する Verical で、指定した列を縦方向に検索してくれます。横方向に検索をかける HLOOKUP 関数（H は Horizontal［水平］の意味）もあり、さらには縦と横の両方に対応した XLOOKUP 関数もあります（XLOOKUP は Excel2021 以降のバージョンで使えます）。

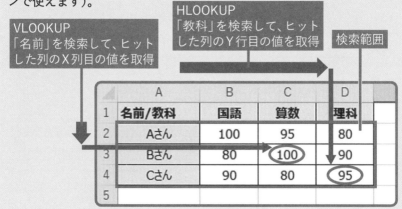

で、いまのが「原価」でしたから、「原価率」も同じことをすればいいんですね。「原価」と違うのは引っ張ってくるデータの列が異なるだけ。

やってみます!

数式を入力後、パーセンテージ表記に変更する

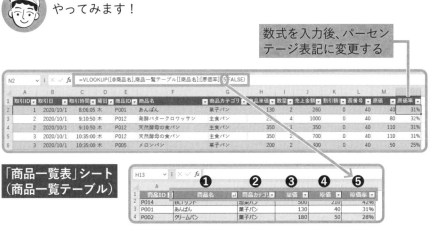

「商品一覧表」シート
（商品一覧テーブル）

……なんとかできました！

原価がわかったので、「粗利」の列を追加して以下の数式を入力すると、粗利が計算できます。

=[@売上金額]-[@原価]*[@数量]

売上金額から数量分の原価を引くという意味で、これを使えば粗利もピボットテーブルで集計できるようになりますよ。

原価率が高いパンの存在意義

エクセルの技術的な説明はここまでにして、お待たせしました、原価率を確認しましょう。
ちなみに熊野さん、パン業界の一般的な原価率はご存じですよね？

約3割です。

標準的な原価率という意味ではそうですね。でも、儲けを出していくには25％を目指したいところです。

うーん……。私、人一倍材料にこだわるタイプなので、3割という数字すらあまり気にしてこなかったんです。それに地域の人の愛されるパン屋になりたいので、できるだけ安く美味しいパンを提供したいという思いも強いんです。

私もその熊野さんのこだわりでファンになりましたからね。でも、パッと見る限り、ちょっと原価率が高すぎるかなという商品が三つありますね。個人的にはそのうちの一つに目がクギづけなんですが……。

あ、野菜ゴロゴロカレーパン（笑）。原価率4割だったんですね。ほかにはフルーツデニッシュも4割で、スイートポテトパイにいたっては6割って！　そこまで高かったのかぁ……。

原価率3割を超える商品があったら絶対にダメ、というわけではありません。どんなお店でも、**それだけでお客さんを呼べる「客寄せパンダ」的な商品が必要**です。

スーパーがたまに「1円」とかで野菜を売ったりしてますよね。

まさにそのこと。商品単体では赤字でも、それにつられて来店するほとんどのお客さんはほかの商品も買うから、トータルではプラスになる。そういう戦略です。

ただ、スイートポテトパイがそこまで客を引きつけているかという検証も、もしかしたら必要かもしれません。

そうか……。じゃあ、もう販売中止？

まぁ、いきなりそんな極論に飛ばないで、まず熊野さんにはお店の原価率の状況、とくに高かった三つの商品の原価率を考えてもらいたいんです。具体的には「原価率が高い原因の特定」と「それに対するアイデア」。熊野さんなりに仮説が立ったら教えてください。お店にプラッと寄ってお話を聞きますので。

わかりました。どう下げるか、か……。うーん。

あ、念のために言っていくと原価率を下げる方法って原価を下げるだけではないですからね。**値上げをする、つまり単価を上げることでも原価率は下がります。**

あ、そうでした。

そこも含めていろいろ考えてみてください。

単価と質を変えずに原価率を下げるには

(3日後、閉店準備中の店内)

原価率の件、答えは出ましたか?

製造担当や販売スタッフ、さらに昔一緒に修業をした仲間などにも話を聞いたりして、一応、私なりの考えをまとめました。

それは楽しみです。

まず安堂さんが一番気にされている野菜ゴロゴロカレーパンに関しては、この原価率でOKとします。それは安堂さんからお話があった「客寄せパンダ」として、十分機能しているからです。

安心しました(笑)。

それ以外についてですけど、やはり私のこだわりの強さが原因で全体的に原材料費が高いんですね。小麦粉は国産を使ってますし、野菜やお肉も私が120%満足するものしか仕入れないんです。野菜ゴロゴロカレーパンやBLTサンドの原価率が高いのはそれが原因です。

たしかにBLTサンドなんて野菜がこれでもかというくらい入ってますよね。どこか契約農家さんがいらっしゃるんですか?

信用できる農家さんがつくった野菜だけを使っています。オープン当初はそれでもなんとかなってましたが、最近バターの価格も高騰していて、これがやはり痛いです。

あと、問題のスイートポテトパイは、使っているサツマイモの品種のブランド価値が上がって、仕入れ値が急騰しているんです。でも私が普段細かい数字をあまり見ないから「最近高いなぁ」くらいの感覚でしたけど……。

どれくらい上がったんですか？

過去の請求書を引っ張り出して確認してみたら、この1年で仕入れ値が2倍になってました。早く気づけという話ですけど（笑）。
そうかといって、まだ価格転嫁はしたくないんです。同業者に聞いても、私のお店って価格設定がかなり良心的らしくて、これも僕の店の原価率が高い原因ですね……。

価格設定は難しいですよね。

そうなんです。でも価格は基本的に据え置きでいきたいと思ってます。やっぱり、オープン時からこのお店を支えてくれてる常連さんたちの信用を失いたくはないんで。

ではどうしましょうか？

野菜ゴロゴロカレーパンを除いて、コストがかさみやすい野菜やお肉はもう少し安いものに替えてもいいかと思っているんです。パン屋なのでパンの材料は替えません。あとは製造方法の改善でコストを少し下げられないか、という話を製造担当としています。

なるほど。状況はなんとなくわかりました。最終的な判断を下すのは当然熊野さんですけど、私なりの意見を言わせてください。
まず、材料を変えることには反対です。材料にこだわる店主がつくったパンの虜になったお客さんは、質にも敏感だと推測されます。

もちろん同じ質で安い材料があるかもしれませんが、もしお店で使う具材のグレードが全般的に下がったら、いまいるお客さんが離れる可能性があります。

それはきつい……。

もしそれで原価率が下がったとしても、最優先の目的である「売上アップ」にはつながりませんよね。

そうですよね……。

価格据え置きで、質も下げずに原価を下げる方法としては、「量」を減らすという方法もあるんです。ポテトチップのメーカーとかがよくやりますね。

ああ、そうか。でもパンだと露骨にバレません？

それも工夫次第で、たとえばBLTサンドなら具の量はそのままで、バゲットを少し細くするのもアリじゃないですか？　むしろ具の存在感が増すので、小さくなった印象を受けづらいかもしれません。クリームパンでも、少し生地を薄くするだけでクリームが増えたように感じるお客さんもいると思いますよ。バランスは難しいでしょうけど、熊野さんなら最適の落としどころを見つけられると思います。でも野菜ゴロゴロカレーパンはノータッチでお願いします(笑)。

看板商品にはさわりません(笑)。

問題はスイートポテトパイですけど、根強いファンはいますか？

いるんですよ。2日に一回は買ってくれるおばあさんもいます。

なるほど。だとしたらそれなりに集客効果があるということですから、数量限定販売にするのもアリかもしれないですね。

じゃあその方向でさらに考えてみますね。
……でも、ぶっちゃけ、今回の施策だけではあまり大きなコストダウンはできないかもしれないですよ。

やらないよりはマシですし、コストカットの方法はまだあります。いまの分析では、商品が売れたときにはじめて計上していますが、そもそもつくったパンが全部売上になるわけじゃないですよね。

もちろん、売れ残りも焼き損じも毎日あります。

もしそこを改善できれば、全体としての材料費は下げられます。せっかくつくったのに廃棄したロスパンの記録はとってますか?

ご想像の通り、まったく……。

じゃあ、次回はそこを見ていきませんか? そのためには新たにデータをつくってもらう必要がありますが。
明日から記録してほしいのは、日々の「製造個数」、「売れ残りの個数」、そして「焼き損じの個数」です。商品名まで管理できれば理想的ですけど、さすがに大変なので、とりあえず全体の数量だけでいいです。データのつくり方は今日お伝えした通りです。一週間後にまたおじゃましますよ。

わかりました。いつもありがとうございます!

5章

無味乾燥な数字から
"意味"を引き出すには

晴れた日はパンをたくさん焼こう

指示通り、毎日の売れ残りと焼き損じの数量をデータに残しはじめた健。データを残すことに抵抗を見せる社員もいるが、なんとか説得しながら続けている。健も閉店後に売上や客数のチェックなどをするためエクセルと向き合う時間も増えてきた。少しずつ、データ分析が習慣になってきたようだ。

どんな日に売れ残りが多いのか

安堂さん、いらっしゃいませ。

こんばんは！　先日気づきましたけど、スイートポテトパイの POP を変えましたね。

そうなんです。「数量限定」と明記したのと、せっかく人気の原材料を使っているので、もっとアピールする形に改良しました。

BLT サンドの方はどうですか？

バゲットを少し細くした新バージョンをなんパターンかつくって、一つに絞り込んだんです。ぜひ食べてみてください。

お、できましたか。せっかくなのでいただきます。（もぐもぐ）。うん、いいかも！　以前の BLT サンドだとかなり大きな口を開けないと具にたどりつけなかったんですけど、これなら女性でも食べやすいですね。

実はサンドイッチ好き女性スタッフの意見を取り入れて、きれいに食べられるように野菜の入れ方も少し工夫してるんです。

いいじゃないですか。なんか最近お店にくると、スタッフさんの表情がいいんですよね。みんなでこのお店を支えているんだぞ、みたいな空気を感じます。

もっと早くみんなの意見を聞いておけばよかったと反省してます。

例のロスパンのデータは記録できてます？

なんとか記録できました。これを見てください。

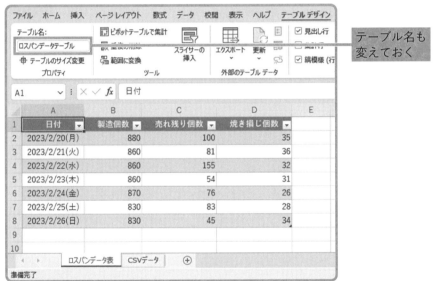

問題なさそうですね！ ではここにフィールドを四つ追加しましょう。「廃棄数」、「売れ残り率」、「焼き損じ率」、そして「廃棄率」です。式はそれぞれこうなります。

$$廃棄数＝[@売れ残り個数]＋[@焼き損じ個数]$$
$$売れ残り率＝[@売れ残り個数]/[@製造個数]$$
$$焼き損じ率＝[@焼き損じ個数]/[@製造個数]$$
$$廃棄率＝[@廃棄数]/[製造個数]$$

 なるほど。……できました。

	A	B	C	D	E	F	G	H
1	日付	製造個数	売れ残り個数	焼き損じ個数	廃棄数	売れ残り率	焼き損じ率	廃棄率
2	2023/2/20(月)	880	100	35	135	11.4%	4.0%	15.3%
3	2023/2/21(火)	860	81	36	117	9.4%	4.2%	13.6%
4	2023/2/22(水)	860	155	32	187	18.0%	3.7%	21.7%
5	2023/2/23(木)	860	54	31	85	6.3%	3.6%	9.9%
6	2023/2/24(金)	870	76	26	102	8.7%	3.0%	11.7%
7	2023/2/25(土)	830	83	28	111	10.0%	3.4%	13.4%
8	2023/2/26(日)	830	45	34	79	5.4%	4.1%	9.5%
9								

これって……多いんですかね？

 最近パン業界のことをいろいろ調べてますが、**パン屋さんでは廃棄率10％が一つの目安**とされています。現状で10％オーバーの日が半分以上で、20％と大幅オーバーの日もありますね。
あと廃棄率の内訳も大事で、多くのパン屋さんの焼き損じ率は2〜5％くらいで、売れ残り率は5〜15％くらい。そのトータルで廃棄率10％を目指したいんです。

 うーん。

 データを見る限り、熊野さんのお店では焼き損じ率が4％前後。極端に悪いわけではないものの、まだまだ改善の余地はありそうです。でも、仮に焼き損じ率が3％に下がったとしても、トータル10％を目指すなら売れ残り率7％を目指さないと。

そういうことになりますね。遠い道のりだ。

ご存じかと思いますけど、**売れ残り率が０％に近いほどいいわけではない**ですからね。「売れ残り率０％」は、閉店間際に商品が１、２個しかないような状況です。それだと商品を選ぶ楽しみがないので満足度が下がるでしょうし、売り損じも発生します。

ウチは町のパン屋ですから、「品切れ次第終了」という店にはしたくないんです。

そうですよね。だから**適度に売れ残りがあるのはいいこと**なんです。でも、さすがに売れ残り率だけで10％以上の日が頻繁にあるといういまの状況は、改善した方がよさそうです。
ここでなぜなぜ分析です。なぜ売れ残りの変動が大きいのでしょう？　質問を変えると、売れ残りが多い日はどんな日でしょう？

うーん。私の勘が鈍ってるから？

そうとも言えますね（笑）。では勘が外れるのはなぜ？　なにを見落としていると思いますか？　たとえば、この１週間だと水曜日の売れ残りが多いですね。この日、どんなことがありました？

水曜日、水曜日……。そういえば昼から急に大雨が降って、客足がパタッと減ったんです。そうか。雨の日は売れ残りが増えるのか。

いい仮説です。ちなみに、気温や天気については気にされてますか？

業界の常識として、極端に暑い日と極端に寒い日は売上が下がりますね。そこはある程度予測ずみで、たとえば夏はできるだけ食欲が出るようなパンが目立つように陳列しています。

そうですか。では気温はとりあえず置いといて、いまは**天気と売上の関係について**データで裏づけをとる価値はありそうです。それを確認して対策を考えたあとに、もう一つの「焼き損じ」についても深堀りしましょう。

 天気と売上って……そんな分析がエクセルでできるんですか？

 できます。しかもおそらく想像されている以上に簡単です。

天気と売上の関係をデータで確認！

 毎日の天気のデータなんてとってないですよ。元データがなければデータ分析もできないじゃないですか。

 過去の気象データは気象庁のサイトから誰でもダウンロードできるんです。しかも CSV ファイルだからエクセルで使えます。

 なんですと !?

 気象庁のサイト (https://www.jma.go.jp) に行きましょう。「各種データ・資料」から、「過去の地点気象データ・ダウンロード」というページです。

※気象庁のホームページには、ダウンロードできる CSV ファイル形式の詳細な説明が記載されています。
https://www.data.jma.go.jp/gmd/risk/obsdl/top/help3.html

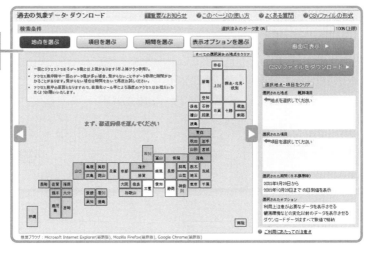

すごい！

 ダウンロードにあたっては、「場所」（どこのデータか）、「期間」（いつのデータか）、「項目」（どんなデータか）をこちらから指定します。「場所」はお店のある町、「期間」はとりあえず2月の1カ月間で。「項目」は複数選択できるので、今回は「降水量の合計（mm）」と「天気概況（昼：06時〜18時）」の二つの項目を引っ張ってきましょう。

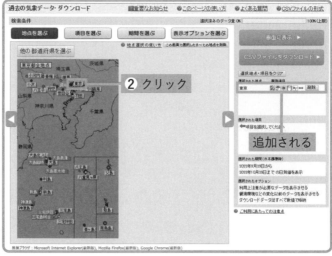

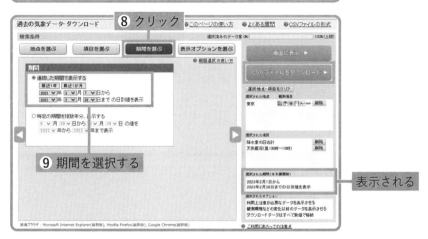

やるなぁ、気象庁……。

気温と売上の相関関係

気温と売上の相関関係を調べたい場合は、「項目」で「平均気温」や「最高気温」を選んでデータを取得します。

 CSV データをダウンロードできたようなので、以前（P.48 〜 55）と同じようにエクセルに読み込んでください。

元データとして使うには、少しムダな情報があるようですね。

 見出しまわりですか。

 そうです。1 行で収まっていません。列データも今回不要なものがあるので、以下の行と列を削除します。

① グレーの行と列を削除する

それができたらこの表をテーブル化します。

テーブル名も
変えておく

さて、いまの目的は天気と当日の売上金額に相関関係があるのかどうかを調べることなので、つくったテーブルの右端に「売上金額」というフィールドを追加しましょう。

列を追加

 あれ？ 「POS レジデータ表」にこの気象データを追加するのではダメですか？

 日ごとの気象データと取引ごとの「POS レジデータ表」では、データの単位が違います。原価を「POS レジデータ表」に追加したときは、そのあとに原価のデータで取引ごとの粗利の計算をしました。今回は、気象データを「POS レジデータ表」に追加しても、他のデータを算出することはないのであまり意味がないでしょう。
今回のように天気と売上の関係を調べるという**明確な目的があるなら、それ専用のテーブルにした方がいい**んです。

ここでは、「日ごと」の天気と売上金額の相関関係を調べるため、「POS レジデータ表」ではなく、もともと「日ごと」になっている「気象データ表」に列を追加します。

わかりました。

売上金額を読み込むとき、気象データと 1 行のデータの単位がそろうように、「POS レジデータ表」から新たに「取引日」と「売上金額」だけを集計したピボットテーブルを作成します。タイムラインなどを使って 2 月のデータに絞ってください。

任せてください。

操作がめっちゃ早くなってる（笑）。

毎日やってますからね。

頼もしい。では次にこの売上金額を気象データのテーブルに読み込みたいんですけど、ピボットテーブルの値をテーブルに読み込む方法は前にやりましたね。

ゲットなんちゃら。

 「GETPIVOTDATA」ですね。

「気象データ表」に追加した「売上金額」の一番上の空白セルを選び、半角で「=」を打ちます。エクセルが指示の入力待ちモードに入るので、いまつくったばかりのピボットテーブルの「合計／金額」の一番上のセルをクリックして、「Enter」。

すると全部同じ値が入ってしまうので、"2月1日"となっているところを [@年月日] に変えます。

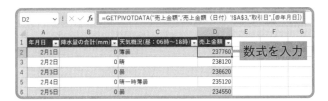

もしそのとき「#REF!」となってしまったら、[@年月日] のところを TEXT([@年月日],"m月d日") とすると、解消することがあります。

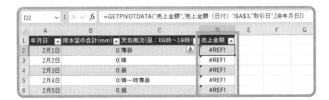

	A	B	C	D	E	F	G	H
1	年月日	降水量の合計(mm)	天気概況(昼：06時〜18時)	売上金額				
2	2月1日	0	薄曇	237760				
3	2月2日	0	晴	238120				
4	2月3日	0	曇	236620				
5	2月4日	0	晴一時薄曇	235120				
6	2月5日	0	曇	234550				

D2 =GETPIVOTDATA("売上金額",売上金額（日付）'!$A$3,"取引日",TEXT([@年月日],"m月d日"))

TEXT関数を使うとエラーが解消することがある

これでデータ分析の準備は整いました。これを元に相関関係を調べます。

えっと……僕はこれをじっと見ていればいいんですか？

あ、違います。エクセルに指示を出します。

相関関係を調べる二つの方法

一つは散布図というグラフで視覚的に確認する方法。もう一つは相関係数という数値を計算する方法です。

相関関係がひと目でわかる「散布図」

散布図から相関関係を調べる方法からやりましょう。散布図は横軸と縦軸からなるグラフなので、変数を二つ指定しないといけません。今回は「降水量」と「売上金額」です。
その変数データがある列を二つ選択して指定しますが、まず「降水量」の列の一番上、アルファベットが書いてあるところをクリック。

……クリック、と。はい次は？

「Ctrl」キーを押しながら、「売上金額」の列のアルファベットが書いてあるところをクリックしてください。すると、「降水量」と「売上金額」の両方が選択された状態になります。

その状態で「挿入」タブを選び、「散布図」を意味するアイコンを押して「散布図」を選んでください。

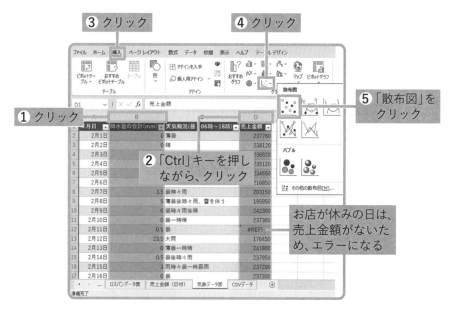

すると、このようにテーブルの横に散布図が生成されます。

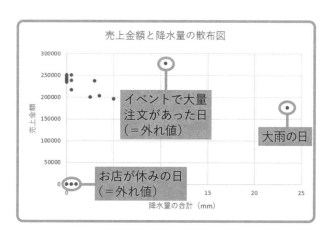

どう見ればいいんですか？

横軸が降水量、縦軸が売上金額、そして一個一個の小さな点が日々のデータです。降水量が極端に多い日はそんなに多くないから、点は全体的にグラフの左側に寄ってますよね。

ああ……そういうことか。

散布図を見るときのポイントは二つ。一つは**規則性**。規則性があるか、ないか。あるとしたらどんな規則性か、ですね。
もう一つは、ある程度規則性があるのに、一部、明らかに離れたところに点がある場合です。こういう点は**外れ値**と言い、「なぜその値だけほかと違うのか？」と原因を分析をしてみましょう。

それはどんな意図で？

外れ値となる原因がわかれば、なにか経営判断上のヒントが見つかるかもしれないからです。あと、相関関係を見るときに限って言えば、**外れ値のような「めったに起きないこと」を分析対象から外すと、相関係数の傾向がわかりやすくなる**んです。
この散布図だと、雨なのに異様に売上のいい日がありますね。これ、なにかあったんですか？

ああ、その日はある団体から大量の注文が入ったんですよ。イベントをやるとかで。

なるほど。その売上の変動は天気とは別の理由で起こっているようなので、今回の分析からは外して（行を削除して）いいでしょう。逆に考えると、団体客からの注文がコンスタントにあれば売上アップに貢献するわけですが、これはひとまず考えません。

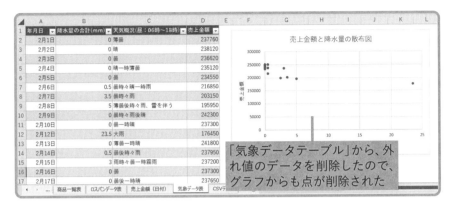

「気象データテーブル」から、外れ値のデータを削除したので、グラフからも点が削除された

すると散布図も更新されますけど、予想通り、雨の日は売上が全体的に下がってます。

う〜ん。けっこうはっきり表れてますね。

「相関係数」が二つのデータの関係を教えてくれる

では次に、視覚だけでなく実際の数値で見ていきましょう。使う指標は相関係数と言います。こちらは簡単な数式（関数）を使います。テーブルの横にある空白のセル（相関係数を入力したいセル）をどこでもいいので選択して、こう入力します。

=CORREL(気象データテーブル[降水量の合計(mm)],
気象データテーブル[売上金額])

「CORREL（コーレル）」は、相関を意味する「correlation」の略です。このテーブルの降水量データと売上金額データの相関関係を数値化して、という指示で、数値化されたものが相関係数です。

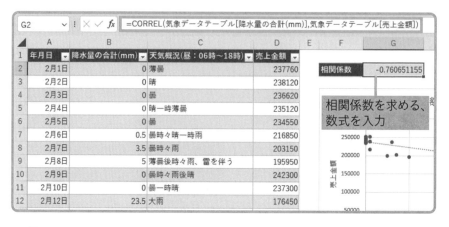

 「-0.760651155」って書いてあります。

 相関係数は必ず1から-1の間の値をとります。そして、**1もしくは -1に近いほど相関性があり、0に近いほど相関関係がない**、と理解します。相関係数がプラスのときは「正の相関」、マイナスの値のときは「負の相関」と言います。

 正と負？

 たとえば降水量が上がるほど売上も上がるなら正の相関。降水量が上がるほど売上が下がるなら負の相関です。

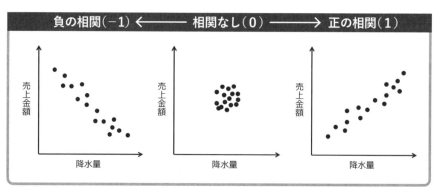

今回はマイナス、ということは負の相関だ。

 はい。だから雨が降ると売上が下がる傾向があるということです。しかも値が 0.7 ですから、それなりに相関関係があります。

一つ注意してほしいのは、**相関係数だけでは、前に出てきた相関関係の「外れ値」に気づくことができない**ということです。散布図と相関係数の両方を使って、外れ値がないかどうかを確認するようにしてください。

文字列からでも相関関係がわかる

 これだけでも十分な発見ですけど、せっかくなので「天気概況」と「売上金額」の関係も調べましょう。

 でも天気って数字じゃないし、表記も「曇時々雨のち晴」みたいに組み合わせがたくさんありますよ。

 そこはちょっとした工夫です。比較する対象を「晴」「曇」「雨」の三つに分けて、「天気概要」の値にそれらの文字が一文字でも入ってたら売上金額を引っ張ってきて、その平均をとります。

つまり、「天気概況に晴の文字が含まれる日」「曇が含まれる日」「雨が含まれる日」の平均売上を計算、比較してみるわけです。

 データが重複する日があってもいいということか。その発想はなかった……。

 具体的にはこういう表と、その空白セルに以下の式を使います。

天気	売上金額平均
晴	
曇	
雨	

◎「晴」を含む日の売上金額の平均を求める数式
=AVERAGEIF(気象データテーブル[[天気概況(昼:06時〜18時)]:[売上金額]],"*晴*",気象データテーブル[売上金額])

◎「曇」を含む日の売上金額の平均を求める数式
=AVERAGEIF(気象データテーブル[[天気概況(昼:06時〜18時)]:[売上金額]],"*曇*",気象データテーブル[売上金額])

◎「雨」を含む日の売上金額の平均を求める数式
=AVERAGEIF(気象データテーブル[[天気概況(昼:06時〜18時)]:[売上金額]],"*雨*",気象データテーブル[売上金額])

AVERAGEIF というのは「もし条件に合っていたら値を取得し、取得した値の平均を求めよ」という意味の指示です。そして、「晴」とか「曇」とか「雨」の前後を”*（アスタリスク）”マークでサンドイッチしていますけど、これはどんな値でも OK という意味。つまり……

「晴」という文字を含んだ値、ということか……。

そういうことです。ではそれぞれの値を見てみましょう。

G18		fx	=AVERAGEIF(気象データテーブル[[天気概況(昼：06時〜18時)]:[売上金額]],"*晴*",気象データテーブル[売上金額])							
	A	B	C	D	E	F	G	H	I	J
16	2月16日	0	曇	237300						
17	2月17日	0	曇後一時晴	237650		天気	売上金額平均			
18	2月18日	2.5	薄曇	199650		晴	240059		数式を入力	
19	2月20日	0	薄曇	248800		曇	233015.7895			
20	2月21日	0.5	薄曇後一時雨	251000		雨	220106.25			
21	2月23日	0	曇	246050						
22	2月26日	0	晴	250100						
23	2月27日	0	晴時々薄曇	250300						
24	2月28日	0	晴	251050						

あ、やっぱり雨の日は売上が少ない……。

ですね。データ分析の結果、雨が降ると売上が落ちるという仮説が正しい可能性は高い、ということが判明したわけです。では、雨の日に売れ残りを減らすにはどんな対策が考えられますか？

そうですね。まず事前に雨だとわかっていたら、製造個数を減らさないといけませんね。いままでは完全に僕の感覚で決めていたんですけど、あらためてデータで落ち込み具合を見ると、10％くらい少なめにしたほうがよさそうです。

 たしかに。それだけでも材料費の大きな節減になりそうです。ほかにはありますか？

 なんだろう……パッと思いつかないな……。

 たとえば前日の予報は晴れだったのに、翌朝「今日は夕方から雨」という予報が出たら、どんなことができそうですか？

 予定が狂いますね。どうしよう……。あ、そうか！　商品をさばきたいときにするタイムセールを、早めにはじめちゃえばいいんだ。

 あ、いいじゃないですか。タイムセールにはお客さんがその価格に慣れてしまうリスクがありますけど、今後もロスパンのデータの精度を上げていけば、そのうち熊野さんの勘（予測）の精度も上がるはずですよ。

常識として知っておきたい「回帰分析」

ちなみに、毎日パンを何個つくればいいか、エクセルに教えてもらうことはできませんか？

できなくはないですね。エクセルは、**無料で「データ分析」というちょっと高度な機能を追加（アドオン）できる**んですけど、回帰分析という機能は、まさにそのためのツールです。

回帰分析

データの動きを1次関数（y=ax）や2次関数（y=ax^2+b）、最大で6次関数までの数式に変換してくれる機能。その数式の変数（x）に値を入力することで、未来（y）が予測できるというもの。

でも精度が高いとは限りませんよ。先ほど説明した降水量と売上金額でも回帰分析はできますが、売上を左右する変数は降水量だけじゃないので、本当に参考程度ですね。

残念(笑)。

精度の高い売上予測ができる数式をつくるのは相当難しいんですよ。それこそ、データアナリストとかデータサイエンティストというデータの最先端にいる人たちが一生懸命取り組んでいます。

そうなんだ。

ただ、回帰分析でもある程度の傾向は見えます。「降水量が増えたら売上が減りそうですよ」くらいのレベルですけど。1次関数でいう線の傾きですね。それが正なのか負なのか。

じゃあ、そこは**参考にしつつ最終的な判断は人間がする**と。

 そこはまだまだ人間の領域だと思います。データ分析を通して、熊野さんの KKD の精度を上げていくのが一番じゃないですかね。

 わかりました！

焼き損じを減らせば原価率は下がる

 廃棄率を上げるもう一つの要因、焼き損じについても考えていきましょう。売れ残りと違って、**焼き損じは 0 ％に近いほどいいわけ**ですね。

 なかなかパンづくりも奥深くて。

 もちろん 0 ％にしてくださいとはいいませんが、現状の 4 ％を 1 ％でも 2 ％でも安定的に下げられたら、年間でどれだけの材料費が浮くのか、という話です。

日々、製造現場にいて、実際どんなときに焼き損じが生じやすいか、規則性みたいなものはありますか？

 食パンがとても難しいんです。ウチの食パンは山型じゃなくて四角いので、形をつくるためにフタをして焼きます。だから気温や湿度で発酵が思い通りにいかないと、形が崩れてしまうんです。

お店の顔である食パンで不格好なものを並べるわけにはいきません。焼き損じはサンドイッチ用に使ったり、スタッフに配ったり、廃棄したりしています。

誰がつくるかによって成功率はだいぶ変わるんですか?

 経験の浅い人はどうしても失敗が増えます。でも、僕も修業中は失敗ばかりでしたが、何度も挑戦させてくれたおかげで成長できました。だから、焼き損じは人材育成のための投資だとある程度割り切ってます。

 素晴らしい心意気ですね。でも、たとえば失敗の多いスタッフが焼くときはベテランがサポートする、みたいなことはできますか?

 お店の忙しさ次第ですけど、できます。経験の浅いスタッフが食パンを焼くのは、忙しくない時間帯に限定してもいいですね。

 焼き損じの記録をとるなかで、ほかにはどんなケースがありましたか?

 動物の顔の形をした「動物パン」の製造工程でたまにミスが起きますね。その工程って、ちょっと慣れが必要なんです。

 それも職人技の領域ですか?

 そう……とも言い切れないかな。うん。言われてみると、製造工程を少し工夫すればミスが減らせるかもしれない。

 じゃあ、今度からどのパンでどんな焼き損じが起きたのか、記録をとるようにしてもらえませんか? できれば一緒にミスの理由に番号を振って、記録していくといいです。そうすれば、多いミスに対して、対策を打つことができるので。

いいですね！ それに起きやすいミスって、だいたい決まってるんですよ。

じゃあそれでいきましょう。ある程度データがたまったら、スタッフを集めて焼き損じを減らすアイデアを募ってください。
経験の浅い方にも積極的に発言してもらうのがポイント。現場で実際に毎日作業しているから気づくこともあります。フレッシュな目線じゃないと気づかないことって意外に多いんですよ。

わかりました。そもそもウチ、定例ミーティングすらやってないので、定期的に意見を吸い上げる場をつくってみます。それで廃棄率が少しでも下がれば、店内の雰囲気もよくなって一石二鳥ですね。

ぜひやってみてください。
売上アップと原価ダウンはある程度方向性が見えたので、これからは最後の**人件費ダウン**に着手しましょう。
次回はちょっとエクセルの作業が多いのと、テーマがテーマなので、来週の店休日にあの会議室を使いましょう。それまでに三つのことをお願いしたいんです。

- 先月の全スタッフのタイムカードを用意
- 各社員の月給、全アルバイトの時給がわかる情報を確認
- 残業が多い社員に対する、残業が多い理由のヒアリング

それと、以前からデータをとってもらっている製造担当者ごとの、日々の製造個数についてのデータも引き続きとるようにしてくださいね。

わかりました。でも以前も言いましたけど社員をクビにする気はまったくないですからね！

 わかってます。安心してください。

6章

データに隠された
業務改善のヒント

生産性が上がるとみんな幸せ

ブーランジェリーくまのは、以前の活況を取り戻しつつある。新作サクサクコロッケパンがSNSの口コミで広がり、遠方から来るお客さんもいるようだ。当初は原価率を下げるために改良したBLTサンドも、食べやすさから女性ファンが増えている。最後の課題は人件費。二人は久しぶりに会議室に集まった。

タイムカードの情報から勤務時間表をつくる

そういえばサクサクコロッケパン、ちょっとだけバズってましたね。私も拡散しておきました。「＃でも野菜ゴロゴロカレーパンが世界一」ってハッシュタグをつけて（笑）。

ありがとうございます。

で、今日は人件費について見ていきます。タイムカードはそろいましたか？

全部あります。

では、いつも通り正確な現状把握からはじめましょうか。人件費が適正かどうかを把握する指標の一つに、**人件費率**があります。売上金額に対する人件費の比率を数値化したもので、年単位や月単位でも集計することもありますが、今回は日単位で集計します。

人件費率の目安ってどれくらいですか？

理想は15％くらい。多くの店では20〜30％と言われています。以前もお話しした通り、**FLコスト（材料費＋人件費）は最高でも50％に抑えたいところ**で、40％（25％＋15％）にできれば、かなり健

全な経営状態になります。

なるほど。ウチの人件費率って、実際どのくらいなんだろう…。

把握されていない経営者の方って、意外に多いんですよね…。まずは、エクセルでその計算がすぐにできるようにしましょう。

各スタッフが何時から何時まで働いたかという情報から計算した人件費と、当日の売上金額を入力すれば、その日の人件費率が自動的に計算されるテーブルをつくります。

便利そうですね。

そのために、ちょっと内職っぽくって申し訳ないんですが、タイムカードの「始業時間」と「終業時間」、さらに当日の「予定勤務時間」と「休憩時間」を、エクセルにダーッと入力してください。

時刻と時間のフォーマットは「00:00」で統一。もし「終業時間」が24:00を超えていたら、28:00や30:00と表記します。

「休憩時間」は実際に休憩をとった時間ではなく、お店のルールとしてスタッフに割り当てている時間を書いてください。

エクセル自体は用意してあります。シート名は「勤務時間表」、テーブル名は「勤務時間テーブル」です。

全スタッフの一カ月分？　けっこうな量ですけど……。

 早く終わらせるコツを教えますね。無心になることです（笑）。私はその間、製造個数のデータを眺めてますから。

 そうですよね。安堂さんは手弁当でやってくださっているのに。

 え……？

 あ、パンはもってきました（笑）。昨日の売れ残りですけど、どうぞ食べててください。

 いただきまーす！

（30分後）

 （充血した目で）できました！　意外と早かったかも！

 ヤバいくらいの集中力でしたね。お疲れさまでした。
ちなみに今後、熊野さん自身がこのような表やテーブルをつくるときも、時刻は24時間を超える値で記録・表示してください。終業時間から始業時間を引き算して勤務時間を計算したいからです。

時刻のフォーマットの変え方

1. 時刻を記入する列を選択
2. 右クリック→「セルの書式設定」→「表示形式」
3. 「ユーザー定義」→「[h]:mm」に変更
「h」だと24時間表記で、「[h]」と指定すると24時間を超える値が記録できます。

さて、右の三つのフィールドはいまデータが空白ですが、「勤務時間」と「残業時間」には以下の式を入れてください。

勤務時間=[@終業時刻]-[@始業時刻]-[@休憩時間]
残業時間=[@勤務時間]-[@予定勤務時間]

これは説明不要ですね。また、**表を分けるか分けないかを判断するポイントは、1行のデータの単位が同じかどうか**です。「POSレジデータ表」のデータは、「1回のお会計の、一つの商品」で1行。「勤務時間表」のデータは、「1日の1人の従業員」で1行。単位が違うデータを同じ表にはできないので、元データ表を分けます。「人件費」は各スタッフの時間給にその日の勤務時間を掛けることで算出するので、時間給の情報が必要です。

数字はメモしてきました。

では、それを使って別途テーブルをつくりましょう。名前は「従業員一覧表」としておきますか。こちらは名前と時間給をリストにするだけなので超簡単。

正社員の場合は、一カ月の既定の労働時間を基本給で割るのが一般

的だと思います。そのうえで、残業代は時給で換算します。

 わかりました。

 ちなみに「従業員一覧表」の方は、テーブルを分ける理由はわかりますか?

 繰り返し出てくるからですよね?

 正解。ばっちりですね。

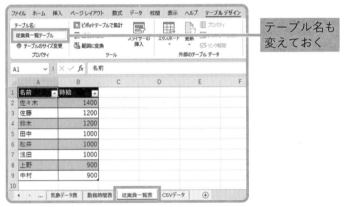

 できました。これを……読み込めばいいのか。

 毎度おなじみ VLOOKUP 関数の出番です。実は VLOOKUP 関数は単体で使って値を引っ張ってくるだけじゃなく、**変数の一つとして VLOOKUP 関数を使うことで、式をつくることもできます。** VLOOKUP 関数に限らず、関数はすべて数式のなかで変数として使うことができます。

 意味がまったくわかりません!(笑)

それなら、「人件費」のセルに実際に入れてもらいたい式を見せますね。

$$=VLOOKUP([@名前],従業員一覧テーブル,2,FALSE)*[@勤務時間]*24$$

一見難しそうですけど、言っているのは次のようなことです。

$$=時間給*勤務時間*24$$

あ、VLOOKUP 関数がかかっているのは時間給の部分だけなんですね。

そう。こういう使い方もできるということです。

数式を入力
(書式が時刻表示になっていたら、右クリック→「セルの書式設定」で、「標準」に変更する)

	日付	名前	予定勤務時間	始業時間	終業時間	休憩時間	勤務時間	残業時間	人件費
2	2023/2/1	鈴木	8:00	4:00	14:00	1:00	9:00	1:00	10800
3	2023/2/1	佐藤	8:00	5:00	14:00	1:00	8:00	0:00	9600
4	2023/2/1	田中	8:00	6:00	15:00	1:00	8:00	0:00	8000
5	2023/2/1	松井	8:00	8:00	17:00	1:00	8:00	0:00	8000
6	2023/2/1	中村	8:00	10:00	19:00	1:00	8:00	0:00	7200

24 ってなんですか?

よく気づきました。その説明が必要なんです。
エクセルでは、時間を「10：30」とか「24:00」という見慣れた表記にできますが、**エクセルの内部的には、「24:00」という情報は「1」として扱っています。**

1!?

「8:00」は「24:00」の 1/3 だから、内部的には「0.333…」。こういうエクセル固有の日時に関する数値を「シリアル値」と言います。それで、いまは時間給に勤務時間を掛けたいわけですね。でもこの勤務時間も、エクセルはシリアル値で保存しています。仮に時間給が 1000 円で 8 時間勤務だとしたら、普通は 1000 × 8 を計算するだけですが、エクセル的に 8:00 は 0.333…なので計算が合いません。そこで 24 を掛けるんです。

えっと、つまり……シリアル値を 1 時間とか 2 時間という時間の単位に戻して使いたいときは、24 を掛ければいいと。

そういうことです。

奇跡的にわかった（笑）。

売上が増えれば人件費率は下がる

これで各スタッフの日々の人件費がデータ化されたわけですが、いま知りたいのはお店としての日ごとの人件費率です。その計算のためにはどんな情報が必要ですか？

えっと……その日の人件費の合計と、その日の売上金額、ですよね？

そうですね。だからこの二つの情報は個別にピボットテーブルで集計して、それを一つのテーブルに読み込みます。

ん？？

あ、ちょっと複雑ですよね。それなら最終的につくりたいテーブルを先に見てください。その方が迷いづらいと思うので。

日付は私が入力しておきました。便宜的にこのテーブルを「人件費率テーブル」と呼びましょう。売上金額と人件費は、個別にピボットテーブルで日単位の集計をします。その結果を GETPIVOTDATA でこの人件費率表に読み込むわけです。

 そういうことか。で、最後に人件費率を計算する数式を入れると。

 そうです。ちなみに今回のように複数の表を関連づけてデータを集計していく作業では、「パワークエリ」という便利な機能もあるんですが、ちょっと高度な話になるので今回は使いません。

 心づかいありがとうございます(笑)。

 では売上金額からいきましょう。
こちらは、天気と売上の相関関係を調べるときに一度やりました。「POS レジデータ表」から新たにピボットテーブルをつくり(または、以前つくったピボットテーブルの行と列を変更し)、行を「取引日」だけにして、値は「合計/売上金額」に設定。タイムラインで2月だけのデータに絞ってください。

 余裕です。

 次が日ごとの人件費の集計です。これもお任せして大丈夫そうですね。

 今回つくった勤務時間表からピボットテーブルをつくればいいんですよね。行に「日付」をドラッグ、と。値には「人件費」をドラッグ。すると勝手に合計してくれるはず。

素晴らしい。さて、これらのデータを合体させる前に、確認してほしいことがあります。

いまつくった二つのピボットテーブルと、人件費率表の「日付」の書式が同じであることを確認してください。書式は「〇月〇日」の記載にして、三つとも同じである必要があります。

というのも、**GETPIVOTDATA は日付で検索するのですが、書式が違うと別物扱いされてしまう**んです。

 地味だけど大事だ。

 そうなんです。今回は日付がそろっているので GETPIVOTDATA しちゃいましょう。

復習ですけど、人件費率表を開いて「売上金額」の一番上の空白セルを選択します。半角の「=」を入力したら、先ほどつくった売上金額のピボットテーブルを開き、同じく 2 月 1 日の売上が書いてあるセルをクリック。

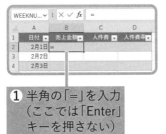

① 半角の「=」を入力（ここでは「Enter」キーを押さない）

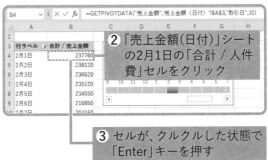

② 「売上金額（日付）」シートの2月1日の「合計 / 人件費」セルをクリック

③ セルが、クルクルした状態で「Enter」キーを押す

これで人件費率表に式と値が自動的に記入されますが、日付が決め打ちになっているので、ほかの日も 2 月 1 日の売上金額になってしまいます。

| B2 | | : | × ✓ ƒx | =GETPIVOTDATA("売上金額",'売上金額（日付）'!$A$3,"取引E ",32 |

	A	B	C	D	E	F	G	H
1	日付 ▼	売上金額 ▼	人件費 ▼	人件費率 ▼				
2	2月1日	237760						
3	2月2日	237760						
4	2月3日	237760						

ココが
決め打ち

たしか決め打ちのところを［@日付］に書き換えれば……って、これのどこが決め打ちになってます!?

「32」のところです。32って、エクセル内部では2月1日を意味するシリアル値なんです。24時間が1でしたよね。その1の32回目。つまり2月1日。ここを［@日付］に書き換えてください。これで売上金額は読み込めました。

| B2 | | : | × ✓ ƒx | =GETPIVOTDATA("売上金額",'売上金額（日付）'!$A$3,"取引日",[@日付]) |

	A	B	C	D	E	F	G	H	I
1	日付 ▼	売上金額 ▼	人件費 ▼	人件費率 ▼					
2	2月1日	237760							
3	2月2日	238120							
4	2月3日	236620							
5	2月4日	235120							
6	2月5日	234550							

同じことを人件費でもやってください。

| C2 | | : | × ✓ ƒx | =GETPIVOTDATA("人件費",人件費集計!$A$3,"日付",[@日付]) |

	A	B	C	D	E	F	G	H
1	日付 ▼	売上金額 ▼	人件費 ▼	人件費率 ▼				
2	2月1日	237760	50800					
3	2月2日	238120	71400					
4	2月3日	236620	72600					
5	2月4日	235120	71600					
6	2月5日	234550	71600					

最後は人件費率の計算式を求める数式を記入するだけ。

＝［@人件費］/［@売上金額］

数式を入力

おお、埋まりましたね。

せっかく以前に条件付き書式を教えたので、ここで使いましょう。**異常値をすぐ見つけられるので超便利**です。人件費率が 0.3 より大きい場合は背景を赤く、0.2 ～ 0.3 の範囲内の場合は背景を黄色にしましょうか。

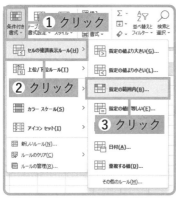

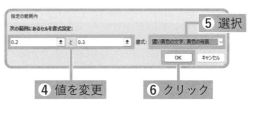

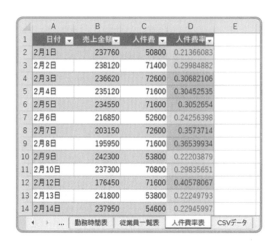

	A	B	C	D	E
1	日付 ▾	売上金額 ▾	人件費 ▾	人件費率 ▾	
2	2月1日	237760	50800	0.21366083	
3	2月2日	238120	71400	0.29984882	
4	2月3日	236620	72600	0.30682106	
5	2月4日	235120	71600	0.30452535	
6	2月5日	234550	71600	0.3052654	
7	2月6日	216850	52600	0.24256398	
8	2月7日	203150	72600	0.3573714	
9	2月8日	195950	71600	0.36539934	
10	2月9日	242300	53800	0.22203879	
11	2月10日	237300	70800	0.29835651	
12	2月12日	176450	71600	0.40578067	
13	2月13日	241800	53800	0.22249793	
14	2月14日	237950	54600	0.22945997	

勤務時間表　従業員一覧表　人件費率表　CSVデータ

むむ！　赤い、赤すぎる…。人件費率15％なんて無理でしょう。

たしかに30％を超える日が多いですね。

け、経営者として、ここは心を鬼にして……。

いやいや。分析をせずに極論に飛ぶのはやめましょう（笑）。いまわかった情報は、人件費率が全体的に高いということだけ。次にやるべきは「なぜ人件費率が高いのか」をしっかり考えることです。

そうでした…。

人件費率は「人件費÷売上金額」ですから、人件費率が高い理由としてシンプルに考えられるのは「売上が低い」もしくは「人件費が高い」のどちらかですね。

淡々と分けちゃえばいいのか。

そうそう。感情的になりそうな気持ちを抑えて、冷静に分解します。
で、人件費率15％を目指す、でも人を減らしたくないということ
なら、やはり「売上」を大幅に上げなければいけません。
そのための施策はいくつか実施ずみ。経過も上々なので、人件費率
はこの数字より下がる可能性が高いでしょう。とはいえ、「売上ア
ップ」につながる施策はまだあるはずです。

あるのかなぁ……。

いまの施策は、主に「商品」という観点からじゃないですか。ランチ
セットもコロッケパンも、商品・サービスを改善することで売上に
つなげる、という方向性ですね。

はい。

でも実は、「社員・スタッフ」という観点からの検討はまだしてない
んです。**社員・スタッフ側のことで改善して売上がアップする方法は
ないか**。もしくは、**社員・スタッフ側のことで売上ダウンにつながっ
ている課題はないか**。これを考えたいんです。

それって、たとえばレジで袋詰めのスピードを上げるとか、追加商品をさりげなく売り込んで客単価を上げるとか、そういうこと？

 そうです。ひとことで言えば**生産性アップ**。どのみち時間給は払うわけですから、その1時間で各スタッフが生み出す価値を上げる方法を考える。**価値とは何かと言えば、製造スタッフなら「つくるパンの量と質」**だし、**販売スタッフなら「売上」**のことですね。

 そんなの、真剣に考えたことないですよ。

 なおさらいい機会じゃないですか。改善の余地がまだまだあるわけですから。

データが教えてくれる生産性向上への道

 まず製造スタッフの生産性について考えましょう。
製造担当者ごとの日々の製造個数を記録してもらったのは、実は**一人ひとりの生産性を可視化する**ためだったんです。
もちろん、いままでも熊野さんが一人ひとりの力量を見きわめて仕事を割り振ってきたと思いますが、やはり数字で確認することで気づきがあるはずだと思ったんです。

 実は、記録してもらうの大変だったんですよ。若い社員からは「なんのためにやるんすか、これ？　たくさんつくったら給料上がるんすか」なんて言われることも……（笑）。

 ちなみになんて答えたんですか？

安堂さんの言葉を思い出しながら、「この店が成長していくには、正確な現状把握が必要。そのための大事なデータをとっているんだ」と答えました。用途はわかってませんでしたが（笑）。

 でも理想的な返答ですよ。では、苦労して記録してもらったデータを有効活用しましょう。元データは問題なさそうなので、これを元にピボットテーブルをつくります。

先に目的を伝えておくと、このピボットテーブルで「社員ごとの月あたりの製造個数」と、「社員ごとの1日あたり製造個数の平均」を算出します。

 わかりました。

 まず製造個数が記録されたテーブルからピボットテーブルをつくります。行には「日付」をもってきて、「月」だけ残してください。列は「名前」にしてクロス集計します。値は「製造個数」です。

これで、各製造担当者が月に何個のパンをつくっているのか確認できるようになりました。

 これ、**データをとり続ければ若い社員の成長も確認できますね**。もちろん担当するパンの種類によるけど、一つの指標になりそう。

さらに、このピボットテーブルで、「社員ごとの1日あたり製造個数の平均」を計算したいんですけど、方法は思いつきますか？　しかもその平均は月ごとに集計したいんです。

社員ごとの、月ごとの、1日の平均……。全然わかりません。

まだ教えてないですからね（笑）。こういうときは平均という言葉に惑わされず、**まずなんのデータかを考えます**。単位だけ考えれば製造個数ですから、素直に「製造個数」を値にもう一個ドラッグします。すると「合計／製造個数」が2個になってピボットテーブルは一時的に見づらくなりますが、途中経過なので気にしなくていいです。

追加された「合計／製造個数2」をクリックして、「フィールドの設定」を選択。ここで「集計の方法」を「平均」に変えます。

これ、ピボットテーブルの行が「月」なら「その月の1日の平均」で、「年」なら「その年の1日の平均」になるんですか？

そうです。フィールド名は、「平均／製造個数」などのわかりやすいものに変えましょう。

するとピボットテーブルが更新されます。

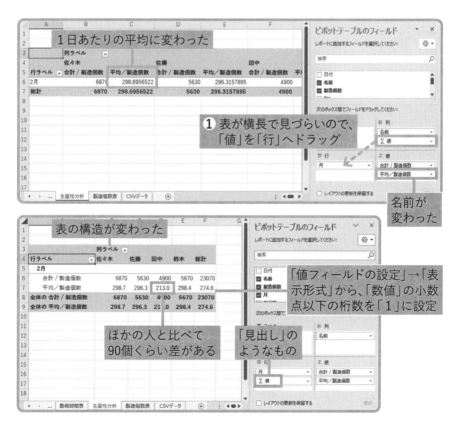

うーん。見方がよくわからない…。なんか行の階層構造が変わってません？「月」の下位に「値」がきてますけど…。

いま行ラベルにある「Σ値」は、「合計／製造個数」と「平均／製造個数」の見出しみたいなものだと考えてください。
ピボットテーブルの一番下を見ると、エクセルが自動的に追加する総計も「合計」用と「平均」用の2種類になってますよね。

あ、本当だ。ようやく理解できました。

肝心の数字を見て、どうですか？

いやぁ…世間様が寝静まっている時間に毎日黙々と作業して、こんなにいっぱいパンをつくってくれてると思うと、ちょっと涙が…。

感動しますよね…。でも、いまは数字だけ見てもらえますか？（笑）。

あ、そうだった。えっと……若手の田中くんの1日平均がちょっと低すぎるかなぁ。いい子だし、筋もいいし、期待しているんですよ。でも、数字はウソをつかないなぁ……。

他の社員と比べて1日90個くらいの差がありますからね。この田中さんの生産性を上げるにはどんなことができそうですか？

それはもちろん時間をたっぷり使ってマンツーマン指導することなんですけど、職人の世界には「技術は自分で高めろ」みたいなところがあって、人材育成のやり方には私も正直悩んでます。

ああ、研修みたいな仕組みがあまりなじまない空気なんですね。

ええ。そういえば最近、焼き損じを減らすために製造担当の社員と話し合いました。最初は抵抗してた人も、データを見せたら納得してくれました。今回もいけそうな気がする……。よし、本格的に研修制度を導入します。

研修中はアウトプットが落ちるでしょうが、その後の成長曲線がグイッと上向けば、中長期的にはお店にとって絶対にプラスです。
では、次に販売スタッフの生産性について考えていきましょう。

ウチはけっこうギリギリで売り場のシフトを組んでいるので、みんないつもフル回転ですよ。だから生産性は悪くないんじゃないかな。

なるほど。ちなみに、熊野さんは販売現場の状況について詳しいですか?

いえ、売り場に関してはオープン当初から働いてくれてるパートさんにかなり任せてます。

そうですか。じゃあ明日以降、販売スタッフの方全員に「毎日の業務で不便に感じてることはなに?」って聞いてみてください。

「売上アップにつながるアイデアはない?」じゃないんですか?

それを聞くと、たぶん真っ先に出てくるのが「人を増やしましょう」なんですよ。でもそれでは、一人ひとりが生み出す価値は下がるんですね。
だとしたら、まずは**スタッフの生産性を下げているのに放置されている課題への対策**を講じる。それがうまくいってから、SNSで発信するなど売上アップにつながることをするのがいいと思います。

さすがです。じゃあちょっと明日以降、ヒアリングしてみて、結果は後日お伝えします。

勤務時間から働き方が見えてくる

最後は人件費率を高めるもう一つの大きな要因、人件費そのものについて見ていきましょう。

しつこいですけど、クビはもちろん、給料を下げることもしませんからね。それをするくらいなら私が無給で働きます。

わかってますってば（笑）。頭数は変えないし時間給も下げない。でも少しでも人件費を抑えたい。そうなると、点検したくなるところは限られてきますよね。

あ、残業代？

そうですね。アルバイトの多いお店で人のダブつきを減らして人件費を下げるのは定石ですが、たしかにこのお店は最小人数で回してる印象です。そうなると製造担当スタッフの勤務時間を確認したいので、ここでまた熊野さん渾身の勤務時間表を活用します。

それはうれしい（笑）

どんな表をつくってほしいかはいまから伝えますけど、作業はできるだけ熊野さんだけでやってみましょう。いままで教えたことを総動員してみてください。卒業テストみたいなものです。
勤務時間表を元データとして、以下の情報が集計されたピボットテーブルをつくってください。

> 各社員の月ごとの「合計勤務時間」
> 各社員の月ごとの「平均勤務時間」
> 各社員の月ごとの「合計残業時間」
> 各社員の月ごとの「平均残業時間」

よし！　やってみます。

まず勤務時間表を開いてデータ範囲を適当に選び、「挿入」→「ピボットテーブル」と。で、行には「月」を入れたいけど「月」のフィールド名がないから……「日付」をドラッグして「月」だけ残す。

よし。社員ごとの集計をしたいから、列には「名前」。値には、とりあえず「勤務時間」を入れよう。合計時間が出るはずだ。

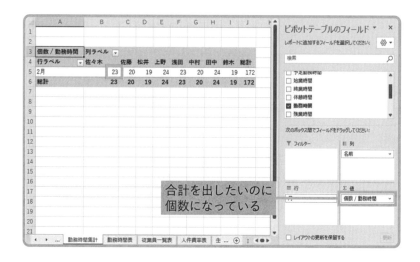

個数 / 勤務時間	列ラベル								
行ラベル	佐々木	佐藤	松井	上野	浅田	中村	田中	鈴木	総計
2月		23	20	19	24	23	20	24	19	172
総計		23	20	19	24	23	20	24	19	172

合計を出したいのに個数になっている

あれれ（チラ）？　なにこの数字……（チラ）。23 ってどこからきたの……？？（チラ）。

ふふ（笑）。どうしてもわからなかったら聞いてもいいですよ。

わかりません！

早っ（笑）。ヒントは「集計方法」です。

集計方法？　合計とか平均とかの話ですよね……。あ、「個数 / 勤務時間」になってる！　じゃあ「フィールドの設定」から集計方法を「合計」に変えよう。

シリアル値になっている

 ファッ!? また変な数字!

 これは先ほど教えましたね。

 あ、これがシリアル値か。時刻表記に変えないと。えっと、どこを どうするんでしたっけ？

 時刻が入るすべてのセルを選択した状態にして、右クリック→「値 フィールドの設定」です。

 そうだった。「表示の形式」を押して……「日付」……と思わせてお いて、実は「ユーザー定義」の「[h]:mm」。

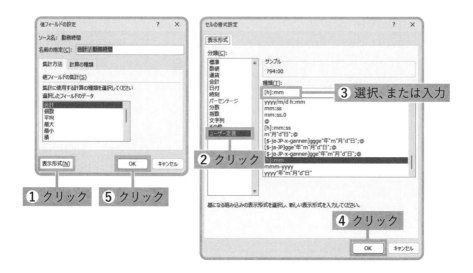

よし。これで「各社員の合計勤務時間」は月ごとに集計できた。

次は平均勤務時間だから、やることはほぼ同じ。値に勤務時間をドラッグ。集計方法を「平均」に変える。フィールド名も変えておく。そしてまた表記の設定……。

でも、なんだか見づらいですね……。製造個数の合計と平均を集計したときは、なんかこう……縦に並んでいた気が。

よく気づきましたね。たしかに、このままだと非常に見づらいので、列に入っている「値」を行にドラッグしてみてください。

おお、できた。

 いいですねぇ。

 残業時間も一緒ですね。最初から値に残業時間を2個ドラッグして
おこう。そして、設定を変えていくと……。

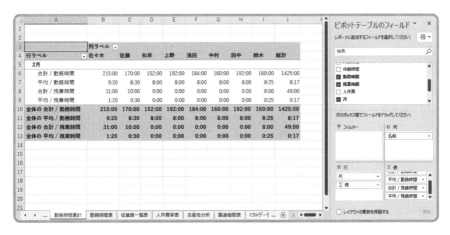

できました！

これで完成ですね。さて、数値を見てみましょう。

佐々木さんの残業代が突出してますね。この方、三顧の礼で迎え入れた本当に腕のいい職人さんなんです。2号店を出すときは佐々木さんを中心にと考えてるんですが。

佐々木さんの残業時間が多い理由はわかりますか？

理由ははっきりしていて、実は佐々木さんしかつくれないパンがあるんです。その仕込みをいつも一人でしてるから、どうしても残業が増えてしまいます。
もちろん私も何度か手伝いを申し出てるんですが、どうも本人のこだわりが強くて……。「私に任せてください」って。

もしかして、熊野さんすらそのパンのレシピがわからない？

なんとなくはわかるんですけど、僕がやっても同じにならないんですよ。恥ずかしい話ですけど。

まぁ、でもどの業界でもそういうケースは多いですよ。いわゆる**技術の属人化**。その人がいないとできない業務ですね。そうなると本人の負担が増えやすいし、たとえば佐々木さんが休んだらそのパンはつくれないから、会社のデメリットも大きいです。

そうなんですよ。

一番大きなデメリットは、もし佐々木さんがお店をやめたら、そのパンをつくるノウハウや経験も一緒になくなることです。会計上は見えないですけど、**パンづくりのノウハウはお店の資産**ですからね。やっぱり資産はお店が管理しないと。

あまり考えたくないんですが、それはときどき思います。本当は佐々木さんにマニュアルをつくってもらって、スタッフみんなに共有してほしいんです。

じゃあ、たとえばそのパンのつくり方を共有してもらう代わりに、新作パンの開発をお願いするのはどうですか？ 「佐々木さんのこだわりが詰まった新しいパンをつくってください」って。

それはいいアイデアだ。残業が逆に増える可能性もあるけれど（笑）。

そこは時間を限定した方がいいかもしれません。何時間にするかはお任せしますが、この時間は新作開発と決めてしまうんです。

なるほど。佐々木さんと直接話し合いをしてみます。

では、今日は以上ですかね。「売上」「原価」「人件費」と見てきて、それぞれ課題を抽出して対策を考えるということをやってきました。このあと大事なのは経過観察です。

効果が出ているかどうか。

それも当然ありますし、**まだ気づいていない課題を見つけていくことも大事**。

そうですよね。だから「経過観察」というより、「正確な現状把握」はずっと続ける、という話なんでしょうね。

そうです。そのための基本的な技術は一応教えたつもりなので、あとは必要に応じてご自身で調べるとか、データ収集がしやすい環境を整えるといった工夫を続ければ。次回は最終確認みたいな位置づ

けで、１カ月後くらいにおじゃましますよ。

 一カ月か。少し心もとない気もするけど、僕の店のことですからね。
がんばります！

終章

「数値目標」と「実績」のサイクルを回す

夢のしっぽが見えてきた

健にとってデータ分析は日常になった。閉店後は必ず商品別の売上や客数、廃棄率、人件費率などに目を通す。週に一度は製造、販売それぞれでミーティングを開くようになり、そこで進行中の施策の効果を確認したり、生産性を上げるアイデアを集めたりしている。おかげで原価率も人件費率も順調に下降中だ。前回のレクチャーから1カ月後、奈美が最後のレクチャーをすべく、閉店後のブーランジェリーくまのを訪れた。

会社の「目標」と「目的」はどう違う？

 こんばんは！

 あ、どうも安堂さん！　ランチタイム以来ですね（笑）。

 そういえば熊野さん、最近ランチタイムに売り場に立つことが増えましたね。

 売り込みがやたらうまいアルバイトの子がいて、オフィスビル街でのワゴン販売をお願いしてるんです。その間、私が売り場でお客さんの購買行動を観察していれば、ヒントも得られそうですし。

 いい心がけだと思います。それでも現場は回ってるんですね。

 週例のミーティングでは、スタッフの導線を改善するとか、いいアイデアがいっぱい出てきて、いま現場はすごく効率がいいですよ。

 それはよかった。佐々木さんの件はどうでした？

あっさり説得できました（笑）。製造の方はいま佐々木さんがバリバリ仕切ってます。むしろ業務をどんどん分業化して、全員で柔軟に対応するようにしているところです。

一つのパンを一人でつくるわけではなくなるので、前につくった製造個数のデータは不要になる可能性がありますね。

全然いいですよ。前も言ったように、データ分析は手段で目的じゃないんですから、どんどん変えていってください。ただし、**データをとらなくするのではなく、とるデータを工夫する方向で変えましょう。**

具体的には、人ごとの製造個数をカウントするのはやめて、全員で1日につくった個数はカウントを続ける。これで全体の製造個数の変化は追い続けられます。あとは、分業したときのボトルネックがわかるように、パンの制作工程ごとの個数や時間をカウントする、というようなことです。

ただし、データを細かく集めようとすると、それだけ収集や分析に時間がかかるので、**目的に沿ったデータだけを集める**ようにします。

わかりました。

今日来たのは最後のレクチャーをするためですけど、熊野さんに**予実管理**の方法を教えたいと思っているんです。

よじつかんり？

「予算」、つまり数値目標と「実績」を数字で追っていくことです。

予算って、「使っていいお金」ではなく、どれだけ売上をあげていくかという「将来の目標」の意味なんですね。

はい。いま熊野さんが毎日やっているのは、基本的に「実績」の把握

です。要はお店のさまざまな数字の「現在と過去」を把握すること。
これから教える予実管理は、「現在と未来」の話です。

未来ですか。

はい。**理想とする未来と、現状との「ギャップ」を正しく把握する**んで
す。正しく把握し、ギャップの理由をなぜなぜ分析することで、課
題が見えてきます。
いま、熊野さんのお店で数値目標って立ててますか？

まったく……。そういえば社員の一人が会議で、「目的はお店の成
長なのはわかりましたけど、目標は決めなくていいんですか？」っ
て言ってたような……。「目的と目標って一緒じゃない？」ってスル
ーしちゃいましたけど。

それ、スルーしちゃダメなヤツです（笑）。**目的は長期的に目指した
いことで、抽象的でいいんですけど、目標はその目的を実現するため
に必要な具体的な到達点**です。
数値化すると進捗度合や達成度がわかりやすくなり、結果も評価し
やすくなります。

知らなかった……。明日謝っておこう。

せっかくお店もいい感じになってきてるので、数値目標を立てて、
スタッフ全員が目指すべきゴールを明示してほしいです。

具体的には？

基本的にいま取り組んでいるすべての課題、施策に対する**数値目標**
を決めていきましょう。あくまで理想ですけど。たとえば原価率

25％、人件費率 15％、廃棄率 10％とか。数値だけじゃなく、いつ
までに達成するかという現実的な**期限**も決めたいですね。
数値目標と期限は、達成することをイメージできる値にするのが大
切です。そうでないと、絵に描いたおモチになってしまいますから。
イメージがわかない場合は、もう少し目標を細かく分けて考えてみ
るようにしましょう。

うーん。たしかにそこをしっかり決めないと、中途半端になってし
まいそうですね。

そうそう。ちょっと効果が出たことに安心して社長の気が緩んでし
まうとか、よくある話なんです。

「売上の予実管理」で正しいサイクルを回す

今日は予実管理の基本中の基本、売上の予実管理の方法です。

年間売上の数値目標を立てるわけですね。

はい。数値目標の立て方は大きく分けて二つあります。
一つ目は**トップダウン**。最初に年間売上の目標をドンと立てて、そ
れを月間の数値目標に割り当て、さらに日々の数値目標にも割り当
てていくやり方です。
大きな会社だと最初に全社の売上目標を立てて、それを各事業部に
割り振り、事業部責任者がその実現方法を考えていく、みたいなや
り方をすることもあります。

なるほど。

 この方法でもいいんですけど、ちょうどよく目標を割り振る作業がけっこう大変なんですね。そこで、今回はもう一つの**ボトムアップ**をオススメします。

 積み上げるんですか？

 これだと去年の売上データを土台に使えます。たとえば去年、各商品が各月にどれだけ売れたかは、ピボットテーブルで集計できます。その値を見ながら、「この商品は春先にプロモーションに力を入れるから4月、5月は30%増し」みたいに、商品ごとに月間の数値目標を入れていくんです。それをすべての月でやれば、年間売上の数値目標が出ますね。
最終的な数字を見て、「もっと強気でいかないと」と感じるなら、再度個別の月間数値目標を調整したり、既存商品では足りなそうだったら新作の投入を検討したりすればいいんです。

 なるほど。イメージはつかめました。

 その作業は後日じっくりやってもらうとして、今日は一部ダミーデータを使って、予実管理の方法だけ教えます。
予実管理をするファイルは、基本的に日々の売上が記録される元データです。熊野さんの「POSレジデータ表」を開いてください。

 はい。

 下準備として、テーブルの右端に「予算」というフィールドを追加し、以下の式を入力してください。

=[@商品単価]*[@数量]

売上金額と同じ値が並ぶだけですけど、理由はあとでわかります。

数式を入力

さて、現状のテーブルはオープン当初からの取引記録が上から順に並んでいる状態ですね。これらのデータはすべて「実績」。つまり過去のデータですね。でも予実管理をするときは、このテーブルに「未来のデータ」も足していくんです。

未来のデータ？

「〇月は〇パンを〇個売る！」という目標値です。これをテーブルの先頭部分にバーッと書いていきます。サンプルを見てください。

取引ID	取引日	取引時間	曜日	商品ID	商品名	商品カテゴリ	商品単価	数量	売上金額	週番号	原価	原価率	粗利	予算
0	2023/4/1			P014	BLTサンド	惣菜パン	500	710	355000	13	210	42%	205900	355000
0	2023/4/1			P001	あんぱん	菓子パン	130	1500	195000	13	40	31%	135000	195000
0	2023/4/1			P002	クリームパン	菓子パン	180	1500	270000	13	50	28%	195000	270000
0	2023/4/1			P015	クロックムッシュ	惣菜パン	350	360	126000	13	100	29%	90000	126000
0	2023/4/1			P005	スイートポテトパイ	菓子パン	200	1300	260000	13	120	60%	104000	260000
0	2023/4/1			P003	天然酵母の食パン	主食パン	350	1200	420000	13	110	31%	288000	420000
0	2023/4/1			P004	動物パン	菓子パン	300	1500	450000	13	80	27%	330000	450000
0	2023/4/1			P006	生チョココロネ	菓子パン	220	1500	330000	13	80	36%	210000	330000
0	2023/4/1			P007	発酵バタークロワッサン	主食パン	250	1500	375000	13	80	32%	255000	375000
0	2023/4/1			P008	ハンバーガー	惣菜パン	400	485	194000	13	100	25%	145500	194000
0	2023/4/1			P009	フランスパン	主食パン	300	1200	360000	13	80	27%	264000	360000
0	2023/4/1			P010	フルーツデニッシュ	菓子パン	350	800	280000	13	140	40%	168000	280000
0	2023/4/1			P011	メロンパン	菓子パン	200	1500	300000	13	50	25%	225000	300000
0	2023/4/1			P012	やきそばパン	惣菜パン	400	850	340000	13	120	30%	238000	340000
0	2023/4/1			P013	野菜ゴロゴロカレーパン	惣菜パン	200	2000	400000	13	80	40%	240000	400000
0	2023/4/1			P016	和牛サクサクコロッケパン	惣菜パン	350	1700	595000	13	160	46%	323000	595000
1	2020/10/1	8:06:05	木	P001	あんぱん	菓子パン	130	2	260	40	40	31%	180	260
2	2020/10/1	9:10:50	木	P007	発酵バタークロワッサン	主食パン	250	4	1000	40	80	32%	680	1000
2	2020/10/1	9:10:50	木	P003	天然酵母の食パン	主食パン	350	1	350	40	110	31%	240	350
3	2020/10/1	10:35:00	木	P003	天然酵母の食パン	主食パン	350	2	700	40	110	31%	480	700

これ、「4月1日」って書いてますけど、月ごとの目標じゃないんですか？

実際は「4月全体」を意味します。フィールドの表示形式の関係で、便宜上「1日」と書いているだけ。
この「4月1日」の「あんぱん」のレコードに、4月の1カ月間で売りたいあんぱんの数量を事前に書きます。すると、下準備で追加した「予算」のフィールドで「単価×数量」を計算してくれて、月間売上目標が表示されます。

ほうほう。

ただ、このままピボットテーブルなどで「売上金額」を集計すると「未来のデータ」も混じるから、数字がおかしくなりますね。「予算」を集計するときも「過去のデータ」が混じってしまいます。
そこでテーブルの前半部分を占める「未来のデータ」では、「売上金額」から「粗利」までのデータを削除します。逆に、後半を占める「過去のデータ」では、不要な「予算」のデータを削除します。

取引ID	取引日	取引時間	曜日	商品ID	商品名	商品カテゴリ	商品単価	数量	売上金額	値引額	原価	粗利率	粗利	予算
0	2023/4/1			P014	BLTサンド	惣菜パン	500	710						355000
0	2023/4/1			P001	あんぱん	菓子パン	130	1500						195000
0	2023/4/1			P002	クリームパン	菓子パン	180	1500						270000
0	2023/4/1			P015	クロックムッシュ	惣菜パン	350	360						126000
0	2023/4/1			P005	スイートポテトパイ	菓子パン	200	1300						260000
0	2023/4/1			P003	天然酵母の食パン	主食パン	350	1200						420000
0	2023/4/1			P004	動物パン	菓子パン	300	1500						450000
0	2023/4/1			P006	生チョココロネ	菓子パン	220	1500						330000
0	2023/4/1			P007	発酵バタークロワッサン	主食パン	250							375000
0	2023/4/1			P008	ハンバーガー	惣菜パン	400	485						194000
0	2023/4/1			P009	フランスパン	主食パン	300	1200						360000
0	2023/4/1			P010	フルーツデニッシュ	菓子パン	350	800						280000
0	2023/4/1			P011	メロンパン	菓子パン	200	1500						300000
0	2023/4/1			P012	やきそばパン	惣菜パン	400	850						340000
0	2023/4/1			P013	野菜ゴロゴロカレーパン	惣菜パン	200	2000						400000
0	2023/4/1			P016	和牛サクサクコロッケパン	惣菜パン	350	1700						595000
1	2020/10/1	8:06:05	木	P001	あんぱん	菓子パン	130	2	260	40	40	31%	180	
2	2020/10/1	9:10:50	木	P007	発酵バタークロワッサン	主食パン	250	4	1000	40	80	32%	680	
2	2020/10/1	9:10:50	木	P003	天然酵母の食パン	主食パン	350	1	350	40	110	31%	240	
3	2020/10/1	10:35:00	木	P003	天然酵母の食パン	主食パン	350	2	700	40	110	31%	480	

前日比（売上金額）　前週比　前週比（客数）　前月比　前四半期比　前年比　前年同期比　前週同曜日比　POSレジデータ表　POSレジデータ表（客数カウント ...

「未来のデータ」では、ココを削除

「過去のデータ」では、ココを削除

こうやって、**一つのテーブルに予算と実績（未来と過去）を共存させる**んです。

あ、それでもしかしてピボットテーブルで比較する？

そうです！　ピボットテーブルを新たにつくり、行に「取引日」、値に「予算」と「売上金額」をもってくると、こうなります。

あらかじめ立てていた数値目標と、実際の数値が横並びで比較できます。 エクセルを使った予実管理は他の方法でもできますが、今回はピボットテーブルを使う方法をご紹介していきます。

そのため、予算の行と実績の行で分けたり、予算は毎月1日の日付で入力してもらったり、不要なデータを削除したりしています。予算の行は、実績の行の間に挟んでも、ピボットテーブルとしては問題ありませんが、不要なデータの消し間違いを防ぐために、予算の行と実績の行を二つの部分に分けるようにしています。

なるほど。

さらに、理想と現実とのギャップをわかりやすくするために、「売上金額（実績）」から「予算」を引いた差分と、「売上金額（実績）」を「予算」で割った「予算比」を集計するフィールドを追加するといいでしょう。

ピボットテーブルで式を書くんですか？　できましたっけ？

実はピボットテーブルでも式は書けるんです。ただし、やり方がちょっと特殊で、**式をあらかじめ登録したフィールドリストをつくって、それを値にドラッグして使うという方法**です。

このやり方は、ピボットテーブルの集計結果同士を計算したい場合に使います。今回は4月の予算（集計結果）と4月の売上金額（集計結果）を使って計算するので、元データ表ではなくピボットテーブルに式を入れます。

？？どういうことですか？？

ピボットテーブルのどこかを選んだ状態で、「ピボットテーブル分析」タブを開き、「フィールド／アイテム／セット」を押します。そして「集計フィールド」を選んでください。

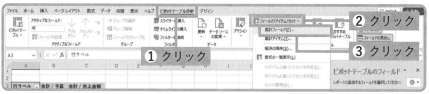

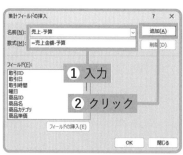

ウインドウが出てくるので、「名前」にはつけたいフィールド名、「数式」に入れたい式を書きます。追加するのは次の二つです。

名前：売上−予算
数式：＝売上金額−予算

名前：予算比
数式：＝売上金額／予算

テーブルに式を書くときの［＠○○］という形ではないので気をつけてください。［＠○○］という書き方は、元データ表の「その行の○○の値」という意味でしたね。今回は集計結果同士を計算するので、「＠」は不要になります。
あとは、このフィールドを値にそれぞれドラッグするだけです。

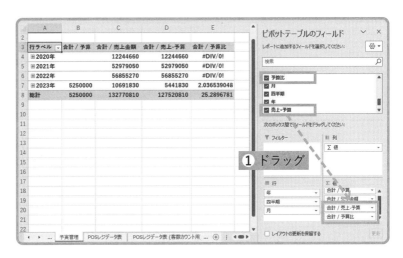

もし予算比がパーセンテージ表記になっていなかったら、以前お伝えした方法（P.169）で直してください。

 この「#DIV/0!」って、なんだか目障りですね。

値が未入力で割り算ができないところですね。まだ売上が立っていない月のセルも空白なので、気になる場合は書式を変えましょう。ピボットテーブルのどこかを選んだ状態で「右クリック」→「ピボットテーブルオプション」を選択。「エラー値に表示する値」を、たとえば「—（計算不可）」などにしておいて、「空白セルに表示する値」は「0」にするといいでしょう。

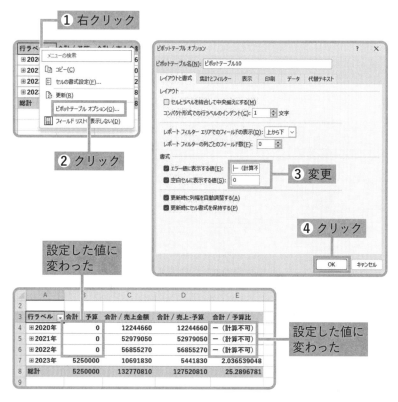

あと、金額の桁がわかりづらいので、各フィールドで「値フィールドの設定」→「表示形式」→「数値」で、「桁区切り（,）を使用する」にチェックを入れましょう。この書式設定は列ごとに設定する必要があります。

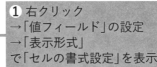

① 右クリック
→「値フィールド」の設定
→「表示形式」
で「セルの書式設定」を表示

② 選択

③ チェックを入れる

④ クリック

桁区切りが追加された

パーセンテージ表記にした

これが、私がオススメするエクセルを使った予実管理の方法です。これなら**毎月の売上と数値目標との差が一目瞭然ですし、ギャップが大きい場合は、「なぜこんなにギャップがあるんだ？」と分析するきっかけになります。**予実管理をすれば目標が達成できるわけではありませんが、目標に向けた進捗具合が客観視しやすくなるんです。

じゃあ、月ごとにやるといいんですね。

この集計に限れば月ごとですが、日々のチェックも続け、さらに四半期や年単位でチェックすることも大事なんです。
だからこのピボットテーブルはそのまま使って、少し慣れてきたら**四半期単位の予実管理**をすることもオススメします。

四半期なんて区切り、意識したことすらないですよ。

区切りの長さがどうこうではなく、四半期単位で振り返りをすることで、年単位の目標達成により意識が向きやすくなるんですよ。
たとえば、4月の予算が達成できなかったときは、5月に4月の不足分も合わせて達成できるように、施策を考える。さらに、四半期（4～6月）の合計で予算を達成できるように管理をしていく、という

具合です。

そうして四半期の目標が達成できれば、それを繰り返しして一年の目標が達成できますからね。

四半期単位での予実管理の方法

途中までは月単位とほぼ同じですが、行ラベルは「月」を外します。列に入れる四つのフィールドも同じ。ただし、年間の数値目標に近づけているかをより把握しやすいように、「売上実績累計」と「売上実績（前年比)」のフィールドを足します。

前年比のやり方は、たしか以前教わりましたね。

はい。ここで新しいのは累計ですけど、これも「値フィールドの設定」の「計算の種類」で、プルダウンメニューのなかから「累計」を選べます。

累計って使ったことないんですけど、四半期ごとの売上金額はどうなるんだろう？　……あ、積み上がっていくわけか。で、1年経ったらまた0からスタート。

そうです。個人的には累計で集計する方が好きですね。**大きな目標は、日々の小さな努力の積み重ね**だと視覚的にわかりますから。
先ほどの月単位の予実管理表に累計のフィールドを足しても、もちろん問題ありませんよ。

現実（データ）を知ると最適解が見えてくる

これがエクセルを用いた予実管理の方法です。ぜひ導入してみてください。

最後まで丁寧に教えていただいて、ありがとうございます。さっそくやってみます。どこまでうまくできるかわかりませんが。

いまの熊野さんなら余裕ですよ。だって、以前に比べて意識がガラッと変わりましたよね。

実は僕、安堂さんのレクチャーがきっかけでめちゃくちゃ反省したんですよ。
「夢は多店舗経営」とかカッコつけて言ってましたけど、実際のところ具体的な道筋は見えてなかったんです。なぜかといえば、具体的になればなるほど、言い訳できなくなるからでしょうね。

でもいまは、めちゃくちゃ具体的にがんばってるじゃないですか！

たしかに、昔はずいぶん燃費の悪いがんばり方をしてきたんだな、って気づかされました。美味しいパンをつくり続けることが僕のアイデンティティの軸だというのは変わりませんが、**経営者である以上、お店の数字や課題から目を背けてはいけない**と痛いほどわかりました。

現実を直視することって、ときにつらいですけど、それによってやるべきことが明確になって、結果的に最短距離で進めるという側面があるんですね。

そうですよね。実は最近、生まれてはじめて経営者向けの本とかマネジメントの本を読みはじめたんですけど、本当に奥が深いんだなぁとびっくりしています。職人の世界ですね。

それに気づけたら大丈夫ですよ。熊野さんは吸収が早いし、応用力も高いし、探求心もありますから。私の野菜ゴロゴロカレーパンも、これで安泰だ（笑）

それは心配いりません（笑）。任せてください！

この調子で、ぜひ熊野さんの夢を実現してくださいね。

データ分析に"終わり"はない

データ分析では、定期的にデータを更新して、その状況を常に把握し続けることが重要です。それによって異常（または異常になる前の異変）に早めに気づいて大事になる前に施策を打てるし、施策を打ったあとの状況の変化を確認することができます。つまり、**お店や会社が続く限り、データ分析に"終わり"はない**のです。

また、データ分析をするにはある程度の時間が必要です。その時間をできるだけ短くするために、**エクセルを上手に活用して、自分なりのデータ分析の仕組みをつくっていって**ください。

著者紹介

野中美希〈のなか・みき〉

株式会社日立社会情報サービス、技師。1986年、静岡県浜松市生まれ。静岡大学情報学部情報学研究科修士課程修了。通信・金融系のシステムエンジニアとして、数百名の大規模プロジェクトをはじめ、多数のプロジェクトに参画し、システム開発の厳しい現場を経験する。チームリーダーとして、チームの進捗や品質の管理、分析をする中で、厳しい状況を脱するためにはデータ分析が重要だと認識する。さらにエクセルのさまざまな機能を独学で習得し、データ分析と対策の実施を繰り返して作業効率や品質を向上させてきた。合格率15%の国家試験、情報処理技術者試験の高度試験にも複数合格。身に付けたプログラミング言語は10種類以上。大学院生時代には高等学校情報科の非常勤講師を務め、入社後は社内研修講師を担当。社外の民間企業でもセミナー講師を務め、同僚からも教え方がわかりやすいと定評がある。趣味は、歌うこと、舞台鑑賞、着物を着て出かけること。

監修者紹介

市原義文〈いちはら・よしふみ〉

プロ経営者。経営コンサルタント。株式会社シャイン&コー代表取締役社長。1967年熊本県生まれ。1990年学習院大学経済学部卒。日産自動車、ローソン、ユニキャリア、シーバイエス、ナップス等で要職を歴任。「ポンタカード」事業立上げを主導し、「ポンタの父」と呼ばれる。国内外投資ファンドの買収先企業の経営者として、多数の事業再生に成功。ベーカリーチェーン再生や高級食パンFC本部立上げなど中小企業での経験も多い。

問題解決の最初の一歩
データ分析の教室

2023年2月1日　第1刷

著　　　者	野中美希
監　修　者	市原義文
発　行　者	小澤源太郎

責任編集　株式会社 プライム涌光

電話　編集部　03(3203)2850

発行所　株式会社 青春出版社

東京都新宿区若松町12番1号 〒162-0056
振替番号　00190-7-98602
電話　営業部　03(3207)1916

印刷　大日本印刷　　製本　ナショナル製本

万一、落丁、乱丁がありました節は、お取りかえします。
ISBN978-4-413-11391-5 C0034
©Nonaka Miki 2023 Printed in Japan

青春出版社のA5判シリーズ

超シンプルな青色申告、教えてもらいました！
ずぼらフリーランスもこれなら納得！
藤原道夫／著　中山圭子／著

見るだけ筋トレ
和田拓巳

BTS: ICONS OF K-POP
史上最高の少年たちの物語
エイドリアン・ベズリー／著　原田真裕美／訳

マンガでわかる
敏感すぎる自分を好きになれる本
長沼睦雄／著　高比良育美／マンガ原案
小川かりん／マンガ・イラスト

テック・ストレスから身を守る方法
エリック・ペパー　リチャード・ハーヴェイ　ナンシー・ファース／著
竹林直紀／日本語版監修　中川朋／訳

まんがで学べる！
イ・シウォンの英語大冒険①
人称代名詞編
シウォンスクール／監修　パク・ション／監修
イ・テヨン／イラスト　崔樹連／翻訳

まんがで学べる！
イ・シウォンの英語大冒険②
名詞の単数形・複数形
シウォンスクール／監修　パク・ション／監修
イ・テヨン／イラスト　崔樹連／翻訳

おかねはどこからやってくる？
みうらこうじ＆キッズ・マネー・スクール／文
Aito／絵